MONOGATARI NIHONSHI

物語日本史

從群雄割據的戰國時代到大東亞戰爭

下

平泉澄

劉晨・譯

目次

下冊

◎織田信長

統一的機遇

應仁大亂以後的百餘年間被稱作戰國紛亂、群雄割據之世，也就是作為一個國家的日本在這一時期失去統一，陷入分裂、解體的狀態。如果想要從分裂、解體之中重新回歸統一，那麼沒有中心是不行的，而很幸運的是這一中心是存在的，那就是天皇之所在。擁戴天皇以統一天下需要相應的武力，這一點卻在很長時間內都沒有形成。戰國群雄之中，以戰鬥實力特別強勁而為人所稱道的，要數甲斐的武田信玄和越後的上杉謙信了。兩個人都希望為天下統一貢獻力量，同時也不缺乏相應的自信。但是，他們還是囿於通過輔佐足利將軍並在其領導之下進行活動的舊有思路，未能從室町幕府的舊體制中脫離出來；此外說到底，以這樣的武力水準想要威震四海、平定天下，也還是不夠的。不過，等到尾張出現了織田信長，統一才迎來了最初的契機。

織田氏原本是管領斯波家的家臣，在戰國之時取主家而代之，逐漸擴張勢力，至織田大和守[1]之時已領有尾張半國，並以清州城為居所。在大和守麾下，有一位擔任奉行職務的人，名曰織田彈正忠信秀。信秀於天文三年（一五三四）喜得一子，這就是信長。在信長六歲，也就是天文八年這一年，糧食歉收。次年饑荒蔓延全國，疫病流行，死者不計其數。見此情景，後奈良天皇深感悲歎，御筆親抄金字《般若心經》送藏於六十六國諸國一之宮[2]，祈禱國民之幸福。信長的父親信秀，在天文十年向伊勢神宮進獻營造所需費用，天文十二年又向朝廷進獻建築修理費用四千貫文。因此，次年後奈良天皇委託連歌師宗牧，賜予信秀《古今集》一部。此時正值信秀兵敗美濃，歷盡艱辛，艱難突圍歸來。但即便如此，在拜領天皇的厚禮之時，信秀還是恭敬地回覆道：「一家之名譽無有高於此者。若鄙人能再戰而勝之，則更有宮中修理所需費用之事，盡可交托於某。」這一年，信長十一歲。

之後，就在信長十八歲的時候，其父信秀去世，他需要憑一己之力，應對周邊環伺的強敵。這時候的信長性格粗暴，不修邊幅，不顧禮數。為此，擔任信長「傅役」[3]的平手政秀，為向信長諍諫，甚至自殺以明志。見此情景，信長十分後悔，為不辜負平手的期待，從此改變了自己的處事態度。

今川義元

永祿三年五月，信長滿二十七歲，遭遇了人生的重大考驗，那就是今川義元的西上。今川氏與足利氏同屬一族，乃是足利將軍的重臣，武家名門。今川了俊身為九州探題的活躍在歷史上十分有名。永祿年間，正值今川義元一代，義元領

1 織田達勝及其繼承人信友均承襲大和守名號。——譯者注
2 律令體制下規定的日本六十六國位列第一的神社。——譯者注
3 培養、保護少年武士並指導其成長的武士職務。——譯者注

有駿河、遠江、三河三國，被譽為東海道最強的武士。就是這位義元，如今傾全力西上京都，打算挾將軍以號令天下，於永祿三年五月十二日，自駿府（靜岡）發兵而出，兵力據說達四萬以上。而與其相比，信長無論是從領地，還是從統治經驗，以及聲望來說，可以說都不足對方的十分之一。因此，義元幾乎沒有將信長當作障礙來看，大概打算一鼓作氣將其蕩平掃淨，就此上京吧。信長打算與今川軍一戰這件事，如果從旁觀者的角度來看，恐怕也無疑會被認為是愚蠢和毫無意義的戰爭行為。然而，這並非信長單方面挑起的戰爭，而是因為信長所在的居城就在義元上京需要通過的道路之上，因此這一戰恰恰只是義元單方面要進行強行突破而已。因此作為信長來說，要麼打開城門迎接義元，屈服其強權之下，要麼就是避開義元的軍隊，跑到其他的地方躲起來，除了這兩條道路之外再無回避戰爭的其他辦法。可是這兩條道路無論選擇了哪一條，男子漢信長都會就此見逐於世。對此情形，信長毅然決然地做好了決戰的覺悟。信長生平喜好吟唱小曲，其中有這樣一首曲子是這樣的：

死のふは一定、しのび草には、何をしよぞ、一定語りをこすよの。

也就是說：「人無論選擇何種道路都終有一死，沒有辦法逃脫死亡的命運。為了在死後能被人們所追憶，應該做些什麼才好呢？那就是光輝奪目的英雄之舉，這才是能夠賦予人生不滅的生命力的事情。」正因為如此，此時信長才會在今川軍漫山遍野的大軍壓境之時，毅然決定與之進行決戰，就算二十七年的人生在此時此地終結，也不想玷污自己勇敢的武將之名，這就是信長的想法吧。

永祿三年五月十八日的黃昏，從織田方防禦陣線的第一線，即丸根、鷲津兩個營寨，傳來了明天一早敵軍將會發動總攻的消息。是夜，信長與家老們商談，但聊到的都是世間的繁雜諸事，對戰略戰術一字未提。直到夜深，竟對家老們說：

夜也已經深了，各位也都回去休息去吧。

家老們則覺得「時運走到末路，所謂智慧的鏡子被陰霾所籠罩，沒想到竟然真的是這個樣子」，紛紛啞然失色地返回家裡。等到黎明將近之時，鷲津、丸根等營寨相繼傳來了敵軍侵襲的報告。得知戰事已經全面開始，信長猛然躍起，跳起舞來。這一段舞名曰「敦盛」，舞曲歌詞如下：

人間五十年、下天の内をくらぶれば、夢幻の如くなり、一度生を得て、滅せぬ者の有るべきか。

（人生五十年，與天地長久相較，如夢似幻；一度得生者，豈有不滅者乎？）

一曲舞罷，信長穿好戰衣，站著吃完早飯，帶上頭盔騎上馬，緊急地出發了，從者不過五騎，在黎明的陽光裡一口氣跑完了到熱田的三里路。在此勒馬東望，就能看到鷲津和丸根都已經淪陷，冒起了黑煙。信長在視察過善照寺的營寨之後，表面上做出自己就此留在了這裡的偽裝，實際上則從營寨出來，帶領著不足兩千人的兵力，迂迴盤旋地向著敵軍進發，最後直接衝到了敵人的本陣之中。義元在勝利奪取鷲津、丸根之後心情大好，於桶狹間安營紮寨、布下本陣，巡檢所斬獲的首級，正在開懷暢飲。這一天原本是罕見的暑熱天氣，但是從正午開始便烏雲漫天，隨即下起了大雨。而就在這狂風暴雨似乎就要停息的時刻，比風雨還要可怕的東西就此侵襲而來，那正是信長的突襲。今川軍完全沒有想到信長會襲擊而來，甚至最開始還以為陣地之中的混亂是因為軍內同僚們的反亂。義元看到信長的家臣服部小平太來到自己跟前的時候，錯把其當成了自己的家臣，對其命令道：

趕快把我的馬牽過來！

說話的方式相當高傲，小平太由此判斷他一定就是大將，於是用長槍刺了過去，毛利新介則用刀將義元斬首。

大將義元已經授首，今川大軍隨即大亂，戰死者超過兩千五百人。信長因為只帶領了很少的兵力，所以並未追擊逃亡的敵軍，而是收攏部隊於當日返回清州。二十七歲的青年信長，經此一戰證明了自己乃是真正的英雄。戰國群雄之中，可以稱得上是豪傑的人並不在少數，然而，幾乎沒有算得上是真英雄的人，直到信長終於出現。正因為這樣，當其他的豪強們還在為各自的區區領土分割而斤斤計較、互相爭鬥的時候，信長已早早地劍指天下[4]的統一。通過信長使用的印璽刻有「天下布武」四字這一點來看，信長的目標清晰可知。所謂天下布武，也就是以武力實現天下的統一。

與德川家康的同盟

以天下布武為目標的信長，在東線與三河的德川家康議和以了卻後顧之憂，隨即西進佔領美濃，將統治中心設在了岐阜。隨後，信長於永祿十一年九月擊退近江一代的抵抗勢力進入京都，並平定山城、攝津、河內、和泉[5]諸地，將一度流浪各地的足利義昭重新推上將軍寶座。不過信長此行意圖達成的目的，並不是足利幕府的復興，而是朝廷的復興。為此信長不僅調派兵力為御所提供警備任務，向宮中進獻費用以請求對朝廷宮殿進行修理，還指定恢復皇室舊有的采邑御領。由於上述政策的實施，朝廷的威嚴終於得以重現光輝。到永祿十三年時，信長迫使將軍義昭許下了無條件謹慎服務於朝廷的承諾；元龜三年，信長還對義昭違背這一承諾、拒不參內覲見[6]這一視朝廷為等閒的行為，發出了聲討。但是義昭不僅沒有痛改前非，反而暗通武田信玄，定下了討伐信長的計畫。天正元年，信長將義昭驅逐出京都，足利幕府就此徹底滅亡。從此以後，信長開始作為朝廷的重臣輔佐天皇[7]，並專心於天下統一的事業。朝廷方面也著力提拔信長，天

4 當時的「天下」一詞並非指代全國，而是狹義上指代以京都為中心的近畿地區。——譯者注

5 均為日本古國名，相當於現京都府南部與大阪府、兵庫縣東部地區，與現奈良縣所在的「大和」合稱五畿，也稱畿內。——譯者注

6 進宮朝拜，出席朝廷儀式。——譯者注

7 關於信長與天皇的關係，學界存在融合與對立兩種觀點，本書所持信長為擁戴天皇而進行統一的觀點未得到廣泛認同。——譯者注

天正二年任命其為參議，信長於三年升權大納言，四年升內大臣，五年升任右大臣。

雖然這麼說起來似乎很簡單，但至此為止的經歷並非那麼容易。阻礙信長遠大志向的人好多就在他的周圍。在大阪[8]有本願寺，信長提出了希望其能夠讓出石山一地[9]的要求，與信長關係不和的本願寺拒絕了這一要求，並聯合佔據野田、福島等地的三好一族殘餘勢力一道與信長為敵。由於本願寺教團廣泛號召起了全國的信徒，因此在伊勢長島等地的本願寺信徒針對信長發動了最為強烈的反抗，信長因此後院失火，棘手得很。

大阪的敵對勢力就是本願寺，在京都還有比叡山，越前還有朝倉氏，像這樣的敵人非常之多；但是這其中最強大的則非甲斐的武田信玄莫屬了。信玄於永祿十一年追擊今川氏真，奪取駿河一國，積攢力量，從背後瞄準了信長。在這樣群敵環伺的環境中，戰事從未平息，幾乎沒有安穩無事的日子可言。對信長來說，其中唯一算得上是萬幸的事情，就是得到了德川家康這樣一位值得信賴的夥伴，並與之攜手合作這一點了；而同時對於家康來說，這也說得上是相當合適的選擇。家康原本以三河國為根據地，因為今川氏的覆滅而進一步兼併了遠江一國，其軍事實力已經可以作為信長的左膀右臂了，因而受到信任。武田信玄比信長年長十三歲，因此他想要執掌天下武力之牛耳的話，就非要扳倒信長不可。但是家康比信長還年輕八歲，因此就會覺得先輔佐信長，並從這位傑出的前輩身上吸取各種經驗教訓，並等待將來自己能夠強大起來吧。

武田信玄與上杉謙信

如同前面所說的，信長、家康聯軍在元龜元年四月討伐越前朝倉氏，攻入敦賀境內，佔領金崎城及其他地區。然而就在即將對朝倉氏大本營一乘谷進行攻擊

8　大阪是現代日本對這一地區的稱呼，近世應使用「大坂」一詞，但本書一直使用「大阪」一詞，因此翻譯時未做修改。——譯者注

9　石山即後來的大阪城所在之地，為戰略要地，也是本願寺教團總部的所在地。——譯者注

之時，他們意想不到地遭到了與朝倉氏串通的近江淺井氏從背後而來的威脅。兩人因此陷入進退維谷的絕境，好不容易從若狹國脫身返回京都。兩軍在六月重新爆發了更為激烈的對抗，即姊川合戰。淺井、朝倉聯軍也能征善戰，不過其精銳傷亡慘重，最終輸掉了合戰。

在姊川一役中獲勝的信長，於次年（元龜二年，一五一七）九月包圍了為朝倉、淺井氏提供支援的比叡山，燒毀其中的堂塔僧坊，斬殺僧徒無數。自延曆年間以來綿延八百餘年，得朝野之信仰而極盡繁榮，朝廷也不敢對其任性之種種舉動加以批判，就連幕府也只好赦免其罪責的比叡山，如今在信長毅然決然的處置之下化為了一山焦土。

元龜三年十月，武田信玄率大軍意圖上京，抵達濱松北邊的三方原，濱松當時正是家康的居城。家康以「因為是信玄就任其從城下踐踏而過，此非男子漢之舉」為由，率少量軍隊獨自與其正面交鋒，並遭遇敗績。挾勝而來的武田軍進逼濱松城，但見城門大開、篝火通明，因疑心有空城計而就此收兵安營過夜，家康軍則在之後對其進行了夜襲。三十一歲的家康行事相當幹練果斷。信玄在收穫了三方原一役的勝利之後，進入三河國，圍困野田城，並隨後將其攻陷。但是這時他身染疾病，並最終於天正元年四月十二日，以五十三歲之壯年病故。最強之敵信玄一死，信長的行動逐漸變得自由了起來，這一年中他驅逐將軍足利義昭，並相繼殲滅朝倉氏與淺井氏。

信玄死後，武田家業的繼承人就是勝賴。勝賴於天正三年五月揮師圍困三河國長篠城，守城之人為家康部將奧平貞昌，他帶領區區五百士卒對抗一萬五千人的大軍。不久之後信長舉三萬之師，與家康的八千人部隊一道，拍馬馳援。武田家的老臣們見此情形，都認為應該順勢撤退，但勝賴排除眾議一意孤行，與信長進行決戰並一敗塗地。勝負的關鍵在於戰術與兵器。信長在此戰之前設置好了牢固的木柵欄，阻攔武田軍的騎兵武士，並搭配鐵炮進行攻擊。跟隨信玄歷經百戰、勇猛冠絕天下的猛將武士，在這種嶄新的戰術和兵器面前脆弱得不堪一擊。勝賴雖然完好無損地返回甲斐，但其軍事力量經此一戰急劇衰落，之後也不過是徒然地等待滅亡罷了。

天正四年二月，信長將一直作為大本營的岐阜城讓與其長男信忠（當時二十歲），自己則在近江國安土築城並移居於此。信長通過在長篠合戰中使用新武器、新戰術而明確了自己新型武將的身份，安土城的修築也與以往所有城郭的建築樣式迥然不同。從各國收集巨大的石塊，從各國招募土木工匠，歷經三年工期而成的建築，其雄偉、堅固、壯麗、高峻，震驚了所有見到它的人。

對於信長而言，信玄死後的強敵就是越後的上杉謙信了。他也同今川義元和武田信玄一樣，意圖進入京都、掌握天下武權，因此信長不得不必須注意此人的行動。然而謙信於天正六年突然病倒，不久之後亡故，享年四十九歲。連謙信都已經去世，信長就再也沒有什麼可以懼怕的人了。於是信長號令部下諸將各自負責平定一片地區。負責山陽道地區的秀吉輕取播磨、淡路兩國，將戰線推入因幡、伯耆，另外更是佔領備前，進攻備中；負責山陰道地區的明智光秀平定丹波、丹後二國；負責北陸道地區的柴田勝家從越前推進至加賀、能登。至此，信長可以號令的範圍已達二十餘國。

天正十年二月，信長與其子信忠一起，為討伐武田氏而攻入信濃國，武田氏已然日薄西山，織田氏則猶如初升之朝陽一般勢頭正盛，因此大多數城池一戰未開便倒戈開城，妄圖守城防禦之人也迅速敗北。勝賴將居城新府之館付之一炬，燒死人質並向天目山方向撤退。三月十一日，勝賴最終與其子信賴一起自殺身亡，勝賴三十七歲，信賴十六歲。曾以剛強勇武聞名於世的武田氏，竟然就在頃刻之間灰飛煙滅。

本能寺之變

贏得戰爭的信長在諏訪將武田氏領地進行了劃分，甲斐國賜予河尻[10]，駿河國賜予德川家康，上野國賜予瀧川一益，信濃國則賜予森、木曾、毛利、河尻等人。信長在新府和甲府完成丈量土地工作之後，一邊眺望著富士山一邊從駿河出發，在欣賞著東海道沿路風光的同時踏上歸途，於四月二十一日抵達安土城。

10　肥後守河尻秀隆，信長家臣。——譯者注在一直被各種各樣的敵人包圍，片刻也不得安生的信長那嚴酷而多難的一生中，恐怕再沒有比從甲州歸來這一路的旅途更加令人愉悅了。朝倉、淺井已經滅亡，信玄、謙信也不在人世，甚至武田氏大本營的甲斐和信濃也在一個月的時間裡徹底淪陷，此時能夠直接威脅到信長的強敵已經所剩無幾。作為唯一同盟軍的德川家康，也盡心竭力地整修道路，佈置住宿場所，準備山珍海味的宴席，以無與倫比的水準用心款待了信長一路，因此信長也非常開心。

五月十五日家康為了答謝獲封武田領地一部分的恩賜，親自來到了安土城。作為之前一路上受到盡心盡意款待的回禮，信長表示這次一定要好好招待家康，於是差遣家臣進行各種準備，並特別任命明智光秀為安土城宴會的料理總監。然而，信長對於光秀的行事方法並不滿意，於是緊急更換了其他人擔任這一工作，並向光秀下達命令，要求其為征討毛利氏而立即帶兵向山陰道方向進發。

一方面，信長在十分周到地招待了家康之後，推薦並安排其去商業都市堺觀光，自己也為了指揮征伐毛利氏的戰役從安土動身，在五月二十九日這一天抵達京都。信長居住在本能寺，信忠居住在妙覺寺。另一方面，明智光秀於五月十七日自安土出來，進入近江阪本城，二十六日趕赴丹波龜山城，次日參拜愛宕山並住在此地一晚，二十八日返回龜山，六月朔日傍晚六時左右，終於做出了向毛利氏發兵出陣的樣子，整裝一萬三千人的大軍，卻在中途突然掉轉方向，朝著京都奔殺而來。

明智的大軍圍困本能寺，是六月二日的黎明時分的事情。信長身邊的親兵不過數十人，雖然各個捨身奮戰，可無論如何在這出乎預料的攻擊中還是寡不敵眾，最終主從一同從容赴死。信忠自居所妙覺寺移居二條城後抵抗不久，也安然自絕。信長享年四十九歲，信忠英年二十六歲。

於桶狹間一戰盡顯英雄本色，通過長篠合戰與築城安土宣告了自己邁入新時代的武將身份，隨後驅逐將軍義昭進而否定足利幕府，尊崇朝廷獲封其肱骨重臣之譽，意欲擁戴天皇統一天下，如此信長在其天下布武的大志剛剛完成了一半的時候，因為一時小小的疏忽大意，就這樣倒了下去。

◎豐臣秀吉

討伐光秀

就在明智出乎意料地謀反將信長打倒的時候，信長部下的諸將領，卻都在信長的命令下分散在各地進行著遠征，沒有一個人能夠火速趕來營救。柴田勝家、佐佐成政正在越中與上杉軍對峙；森長可正自信濃進兵越後；瀧川一益在上野國對陣後北條氏；發兵阿波國的織田信孝剛剛經過堺市；織田信澄、丹羽長秀、堀秀政駐紮在大阪，正做著征伐四國的準備；細川、池田、中川等人也都因為受命西征而在各自的領國進行著戰備工作。在這些分散於各地的人中，距離京都最遠、面對的敵人最強勁、面臨的局面最艱難的人，無疑就是羽柴筑前守秀吉了。

秀吉本是織田信秀麾下走卒之子，身份低微，年幼喪父，度過了充滿苦難的少年時光。秀吉還一度流浪他鄉，不過永祿年間開始追隨信長，其才識器量得到了認可，逐漸得以出人頭地。秀吉最初名曰木下藤吉郎，但是在領略了柴田勝家和丹羽長秀卓越的才能之後，遂改名羽柴秀吉以表明效法二人之心，自稱羽柴筑前守。天正元年近江淺井氏覆滅之後，秀吉受封其舊領，入居小谷城，之後又在長濱築城並移居至此；天正八年移居姬路，並以此為根據地，為平定中國地區[11]而努力。正好在這一時期，毛利氏跨山陽山陰兩道，統轄十國之地，正在將勢力向播磨國滲透，因此秀吉自然就與毛利氏發生了正面的衝突。然而秀吉乾淨漂亮地將其擊敗，隨即征服因幡、伯耆二國，甚至進一步攻取備前，侵入備中，圍困了高松城。

高松雖是平城[12]，但周圍盡是沼澤地，馬匹難以前進，僅有幾條細細的小路可以利用，因此即使大軍壓境也很難展開攻勢。守將清水宗治是一介剛直之人，

11 日本本州西部的山陽與山陰地區的合稱，因與古代畿內（京都）地區的距離位於近國與遠國之間而獲名。——譯者注

12 在平原地帶建築的城堡，不依託山嶺等自然險要。——譯者注

抱定死守之心毫不動搖。秀吉見此情景，便阻塞河川，引水成湖，打算用這湖水將困於中央的城郭淹沒。毛利發大軍五萬前來救援，秀吉雖然只有三萬兵力，卻通過巧妙地佈陣使得毛利大軍無法展開救援。水面每時每刻都在上升，高松城危在旦夕。毛利氏毫無辦法，只得提出講和。秀吉提出兩個條件：第一，毛利方讓出備中、備後、出雲、伯耆、美作五國；第二，高松守將清水宗治自殺獻城。毛利方面表示，第一條可以接受，但是第二條難以接受，和談陷入僵局。就在此時，六月三日深夜至四日清晨，本能寺之變的消息傳到了秀吉這裡。秀吉一邊封鎖這一消息，不透露給其他人，另一邊特地平心靜氣地巡視軍陣，巧妙地與敵軍展開交涉。結果清水宗治駕一小船而出，在敵我雙方眾目睽睽之下慨然引刀切腹。秀吉見此情形，遂對於講和的第一條要求進行妥協，將出雲、備後以及其他地區讓給了毛利氏，火速完成了講和。此時，六月四日白天剛過。是夜，秀吉就自高松出發，全速回奔姬路；六月八日到達姬路之後，立刻發出命令準備好各個方面，並將自己所有的金銀糧草悉數散發下去。由此可見，秀吉已經做好了這一戰勝則進取天下，敗則死無葬身之地的覺悟。八日夜晚做好了出陣的準備之後，九日黎明，秀吉全軍乘勢而動，十三日與明智軍會戰於山崎，經過激烈的戰鬥最終將其擊潰。當晚，光秀打算逃往阪本城，但其在途中的小栗棲被殺，終年五十五歲。

織田氏諸將領之中，勇武之名冠天下者不在少數，然而聽聞本能寺之變以後，都不過是震驚而已，未有人能夠迅速出兵討伐明智者，更有如河尻肥後守一般，因為失誤而一命嗚呼之輩。家臣之中，唯有秀吉能夠遊刃有餘地與毛利氏完成和議，並抽調軍力返回，一口氣擊敗光秀，替主君報得大仇，這說起來簡直就是英雄般的壯舉。因此一舉，秀吉於是得以超過柴田勝家和丹羽長秀這些前輩大將，實際上作為信長的繼承者，站到了政權的正中心，就連信長的同盟軍德川家康也不放在眼裡了。

與勝家的決戰

然而，表面上如何先不說，在心裡，勝家也好家康也罷，都沒有就此居於秀吉下風、接受其指揮差遣的意思。此時的情形是，秀吉無論如何都必須要與他們各自一戰，並用實力來決定勝負。很快，與勝家進行決戰的機會，過了一年不到就早早地到來了。勝家聯絡了將據點設在岐阜的織田信孝和退守伊勢的瀧川一益，計畫四面夾擊秀吉。不過知曉了這一計畫的秀吉，趕在勝家因為北陸積雪過深而無法出兵發動攻擊之前，率先於天正十年十二月進攻岐阜，迫使信孝提出講和並予以同意；次年正月於伊勢擊敗瀧川一益，並佔據龜山城。三月雪化，勝家終於得以出兵近江。秀吉自長濱進兵賤岳，但是見到勝家的排兵佈陣之後，並未急著與其交戰，而是在修築好二十四個營寨作為守備之後，奔赴大垣去鎮壓再次叛變的信孝。秀吉在觀察了勝家軍的防禦陣線之後，認識到難以攻取獲勝，於是自己也紮營安寨、力主防禦。而同時，勝家軍中，勝家在看到秀吉構築的二十四個營寨之後同樣意識到了進攻的風險巨大，於是打算嚴陣以待，等待攻擊的時機。但是勝家軍得知秀吉已經領兵出岐阜、主將不在營寨中的消息，又從秀吉軍方面投降而來之人口中得到情報，說二十四個營寨之中，唯獨大岩山和岩崎山兩個營寨遠離其他，乃是守備最空虛、最薄弱之處。於是，勝家的外甥佐久間玄蕃盛政請纓，打算對其發動攻擊。勝家認為這種攻擊需要深入敵陣腹地，過於危險，所以最初是反對的，無奈盛政幾次三番強烈請求，實在難以拒絕，於是在與之約定「攻下兩座營寨之後須立即收兵回營」的條件之後，准許了其發動攻擊的請求。

佐久間於四月十九日深夜，統領八千兵馬開始行動，從余吳湖迂回而過，至二十日黎明突襲大岩山營寨。駐守此處的中川清秀，在之前的山崎合戰中與高山右近一起作為秀吉軍先鋒征討光秀軍，是一位建立過功勳的勇將。山崎一戰中雖是作為先鋒出陣，此次於賤岳，中川負責大岩山，高山負責岩崎山，兩人都位於秀吉軍主力的後方。在前線尚未交戰的情況下，竟然在此處遭遇敵軍，實在出乎所有人的預料。中川手下千人，高山手下千人，兵員很少，營寨也是緊急修建而成的，所以十分脆弱，此時遭受猛烈攻擊，高山軍很快就撤退了。但是中川清秀則毫不懼怕地留在原地，激戰數小時直至壯烈戰死，終年四十二歲。收到勝利報告的勝家，向盛政下達了立即收兵的命令，然而年方三十正是血氣方剛，並且初戰告捷的盛政，並未聽從叔父的命令，而是就地在野外紮營佈陣，折騰了一夜的時間。

賤岳之戰

山上的碉堡守衛牢固，呈掎角之勢相互照應，想要攻取並非易事，唯有等待柴田軍從防禦工事中出來，一直在等待這一機會的秀吉，聽到佐久間盛政如今終於從大岩山出兵的報告之後，知道絕好的機會已經到來，不由得歡喜雀躍，立即回馬直奔賤岳而來。秀吉得知報告的時間是二十日午後二時，地點在大垣。從大垣到賤岳有十三古里（五十二公里），秀吉於午後四時從大垣出發，至夜晚八時至九時之間已經抵達木本，開始排兵佈陣。秀吉在撤離之前早已準備好了返回的計畫，沿路安排下替換的馬匹，故而能夠馬不停蹄地疾馳而回。

沉醉在勝利之中，佈陣於郊野，剛剛滿心歡喜入睡的盛政，很快就被告知對方陣地後方不斷出現無數炬火，明白過來這是秀吉親率的一萬五千人大軍趕到了。盛政慌作一團，於十一時左右開始撤退。

柴田軍已戰至疲憊，再加上受到出乎意料的打擊而被迫撤退；而羽柴軍方面則以逸待勞地對其窮追猛打，因此柴田軍方面遭受慘敗，死傷人數相當之多，甚至連勝家也做好了戰死的準備，不過在家臣毛受勝介的強諫之下撤軍北之莊（福井），勝介本人則與兄長茂左衛門尉一起守衛著象徵勝家所在的馬印——金御幣，佯裝勝家本人進行殿後作戰的樣子來阻擋秀吉軍，隨後共同壯烈戰歿。

在進行這次追擊戰之時，秀吉允許其身邊隨從的小姓諸將可以自行作戰以建功立業，而他們就是有名的「賤岳七本槍」：

福島市松（正則），二十三歲；

加藤虎之介（清正），二十三歲；

加藤孫六（嘉明），二十一歲；
脅阪甚內（安治），三十歲；
片桐助作（且元），二十八歲；
平野權平（長泰），二十五歲；
以及槽屋助右衛門尉。

四月二十三日，秀吉進逼北之莊。是夜，勝家在城中舉行訣別之宴，犒賞部下兵將之軍功，表示部下想要離開、出城都可以，但部下八十餘人全部願意追隨勝家一起赴死，於是他們在二十四日午後一同自盡。勝家的夫人小谷之方，是織田信長的妹妹，是十分有名的美女，雖然勝家勸說她逃離，但她拒絕，與丈夫一同自殺。不過她的三個孩子則由秀吉代為養育。三人都是她和前夫淺井長政之間所出，在小谷城誕下的女兒。長女此時十三歲，就是之後的澱君；次女十一歲，之後成為京極高次夫人；三女九歲，後來成為德川二代將軍秀忠的夫人、三代將軍家光的母親。

佐久間盛政悲憤交加，在與勝家之子權六一道悄悄地返回北之莊的途中，腿腳受傷無法前行而藏身於百姓家中休養，然而想要獲得獎賞的百姓們聚集起來，將盛政用繩子捆起來押送到了秀吉軍前。秀吉和他們說：

我要給百姓們褒獎，參與過抓捕的百姓都出來吧。

這時候，紛紛表示自己參與此事的人一共十二人。將他們集合在一起後，秀吉說了這樣的話：

勝敗乃兵家常事，今天發生在別人身上的事，明天說不定就發生在我身上了，你們的所作所為不是身為百姓所應該做的事情，為了懲前毖後，作為褒賞我就將你們處以磔刑吧。

說完，就將上述百姓處以了極刑。

權六是敵軍主將勝家之子，時年十四歲，因此雖然尚未元服成人，仍舊堂堂正正地被斬首。盛政時年三十歲，秀吉愛惜其勇武，表示如果能歸附自己的話就賜予其一國領地，然而盛政拒絕歸順，最終像男子漢一樣被斬首。

秀吉在惋惜盛政的同時，也十分哀悼因為盛政而戰死的中川清秀，於是將盛政之女嫁與清秀之子秀成，並立其為一方大名，延續近三百年的豐後國岡（竹田）七萬石的中川藩即源於此。

關白太政大臣

與勝家的對戰，是秀吉命運的轉捩點。雖然秀吉曾經立過討伐明智光秀的大功，但如果敗給勝家的話也會身敗名裂，即便不至於身死家滅，也將再不可能掌握武力優勢。秀吉正是因為非常清楚這一戰的重要性，才會從大垣到賤岳、從賤岳到北之莊馬不停蹄、片刻無休地持續進逼，發動猛烈的攻勢。秀吉自己在當時的書信中寫道：

秀吉自知，柴田若獲喘息之機，必將東山再起。日本平定與否在此一舉，縱然令其士卒同死陣前，筑前（秀吉）亦不應有所大意，就此拋卻常識，二十四日寅時攻取本城，午刻入城，將其悉數斬首。

通過這一戰的勝利，秀吉不僅證明了自己具有統一日本全國的實力，也用其名譽做出了統一日本的承諾。確定這一點的不是別人，正是秀吉自己。「日本之治世，自賴朝伊始，至今亦應有所增也。」說出這樣的話的，正是秀吉本人。若論取得這一勝利的原因，秀吉巧妙地把握勝利的機會、一口氣攻城掠地這一點自然是毋庸置疑的，不過秀吉的前輩丹羽長秀自山崎合戰以來，一直高度評價秀吉的功勞及其政治手腕，無論怎樣都對其施以援助、護佑這一點的作用也是十分巨大的。因此秀吉作為感謝，在勝家滅亡之後的領地處置過程中，將越前一國和加賀半國送給了長秀，其餘的加賀半國則交給了前田利家。

此前秀吉的本城是姬路城，但為達成天下統一，大阪的位置更好，於是天正十一年十一月，秀吉命令三十餘國的大名開始大規模的築城工程，至次年八月，秀吉早早地入住新城。以這一雄偉龐大的大阪城為中心，都市大阪隨即發展繁榮起來。

在朝廷方面，秀吉憑藉最先平定明智叛亂之功，獲賜五位官位，並獲任少將官職；消滅柴田勝家則使其晉升參議；十二年升從三位權大納言，十三年升正二位內大臣，並很快晉升為從一位關白，而在十四年，秀吉晉升為關白太政大臣；在作為人臣的榮譽達到最頂點的同時，從朝廷那裡獲賜新姓「豐臣」。奉天皇以號令天下這一信長的理想，如今由秀吉繼承，並一步步得到了實現。

九州平定

雖然政治大勢是如此發展的，不過想要真的實現統一天下、號令天下的目標，還有幾個非仔細解決不可的難題。第一是德川家康，第二是九州的島津，第三則是關東的北條，他們無論哪個都具有強大的實力，並不是簡簡單單就會臣服的物件。天正十二年春，家康為支援織田信雄，打算與秀吉一戰，為此秀吉計畫了宏偉的包圍攻擊計畫。小牧、長久手合戰由此而起。這一回在局部的合戰上家康獲得了勝利，在大局的壓制上秀吉保持優勢，但總而言之，家康無法擊敗秀吉，秀吉也很難擊潰家康，雙方都認識到對方是不那麼容易對付的大敵，於是在這一年年底，兩軍講和，自此之後家康不再妨礙秀吉的天下統一大業，轉而協助這一事業的推行。

與棘手的對手家康之間的矛盾得以解決之後，秀吉如同乘上了順風船一般，其勢力向全國四方不斷擴張。天正十三年三月討伐根來、雜賀傭兵團，平定紀伊；六月進攻長曾我部元親並將其降服，由此平定四國；八月進攻佐佐成政並將其降服，沒收其領地並賜予前田利家。

這一時期，九州的島津氏實力強大，屢次擊敗大友氏，並讓龍造寺氏苦不堪言。鑒於此，天正十三年十月，秀吉奉敕命[13]向島津義久發出書狀，言明天皇陛下希望敵我雙方終止戰鬥，因此要求義久照此聖命執行，如若「不遵守此旨意，則將即刻施以懲處」。之後由於並未看到島津氏有恭順的態度，秀吉遂於十四年八月指揮黑田、毛利及其他大名先行出征，至十五年正月自己親率大軍討伐。此次兵力總數約十萬，在九州造成了巨大的恐慌。秀吉很快攻入薩摩，五月三日於太平寺安營紮寨。島津義久見無論如何也難以抵抗，於是選擇投降，不過秀吉卻熱情地接受了他的降服，並取下自己佩戴的寶刀贈予義久。就在這時酒被端了出來，義久懷疑秀吉是不是在酒裡下了毒，就在他猶豫要不要喝的時候，秀吉表示即使不喝也行，只要把酒杯拿起來就可以，而降服儀式也就此結束。秀吉還同意島津氏如原來一樣領有薩摩、大隅、日向三國，義久因此非常感激秀吉。

島津氏已然降伏，九州已平定，秀吉於是將豐後國賜予大友氏，將小早川氏安排到筑前國，肥前國歸龍造寺氏，豐前國歸黑田氏，而將佐佐成政封於肥後國，之後引兵返回。然而由於佐佐氏大行苛政，其領內叛亂四起，騷動甚囂塵上，秀吉於是嚴厲斥責成政以至於最後令其自盡，並將肥後國一分為二，將熊本賜予加藤清正，宇土賜予小西行長。

自九州收兵之際，秀吉命令復興博多。博多過去曾經是九州探題所在之地，從政治上來講也很重要；不過更為特殊的是，此地乃是依託海洋而商業貿易繁榮興旺的場所，卻因為戰亂而焚燒殆盡。秀吉見此情景，便命令黑田與小西復興博多。

在從九州歸來之際，秀吉做出的另外一項重大決定則是對基督教的禁止。此禁令於天正十五年六月十九日發出，在第一條中寫到，日本乃神國之所，由基督教國家傳授邪法之事，必不以允許。第二條中則提到傳教士引誘地方的有實力者毀壞神社佛閣之事，實乃前代未聞，今後日本國的大方針將決不允許這樣的事情發生。第三條中提到因為傳教士違犯日本的基本方針，今後將禁止其居留日本，傳教士必須於當日起二十天內離境歸國。接下來第四條和第五條允許與基督教傳教無關係者的貿易和往來自由。想來，秀吉停留在九州期間，與以大友、有馬、大村為首的諸大名中信仰基督教的大名之間進行了很多書信往來，大概是因為意

13　由天皇授意，通過朝廷公家代為傳達的命令。——譯者注

識到日本的風俗傳統恐怕要染上變革的色彩，才做出如此重大的決定的吧。

統一天下

天正十五年七月，秀吉返抵大阪。後來的小田原征伐戰開始於十八年三月，因此秀吉在這期間有兩年半的休整時間。無論是山崎合戰還是賤岳之戰，秀吉都以疾風迅雷般令敵人毫無喘息之機的猛烈攻擊為主，不過自小牧、長久手以來，秀吉的作戰方針轉變為在作戰中儘量減少己方的傷亡，通過對大局的掌控讓對手喪失戰鬥意志。於是在這兩年半的時間裡，秀吉在考慮對關東和東北進行各種處置的同時，在中央以推行和平事業的方式來安定天下人心。

首先是北野的大茶湯[14]，天正十五年十月初一到初十，天氣合適的時候在北野舉辦。秀吉發出公告：自己會把私人收藏的知名茶具毫無保留地拿出來展示，只要是喜好飲茶之人，無論身份如何卑賤都沒有關係，帶著一口燒水釜、一隻裝水瓶和一份茶葉來吧，因為是在野外舉行，所以隨身帶著兩帖榻榻米來吧，難得秀吉招待大家來飲茶，如果連這樣的茶會都不來參加的心裡有鬼的人，今後也沒必要飲茶了。傳說當時在北野的松原地區，還因此建起了八百多個飲茶小屋。

其次是天皇行幸聚樂第。秀吉從十四年開始在京都的「內野」地區開始建造極為華麗的大宅邸，該宅邸於十五年的九月竣工，並被命名為聚樂第。秀吉與信長一樣，最為尊崇皇室，因此這座宅邸剛剛落成，秀吉便恭請天皇行幸於此。天正十六年四月十四日，後陽成天皇行幸，在他「御出」之時，關白秀吉親自為天皇提裾，並奏請陪同其左右。很多朝廷公卿也陪同左右，武家諸大名也加入陪同行列之中，各自所著的裝束[15]都獨具匠心，圍觀的人們看到之後都非常激動。最初計畫停留三日，不過天皇對此行非常滿意，將停留時間延長到了五天。秀吉對此歡喜異常，不僅向宮中進獻了「御料所」，還向織田信雄、德川家康、宇喜多

14 民眾大量參與的飲茶會。——譯者注

15 裝束為日本古代禮服的一種，是高品級公武兩家在最莊重禮儀場合穿著的衣物樣式。——譯者注

秀家、前田利家等數十位大名下達命令，要求他們感謝皇恩浩蕩，發誓永遠保證皇室「御料」不受侵犯。秀吉經常提起「賴朝之後就是自己」這樣的話，不過無論在以武力威掃天下這一點上，還是在擁戴天皇、嚴命武士勤王這一點上，秀吉都可以說是與賴朝比肩的「雙璧」了。

此外秀吉還在京都東山地區修建方廣寺，在此鑄造大佛。以鑄造大佛殿所需之名義，秀吉於天正十六年七月下達刀狩之令，其中包括「諸國百姓等，持有大刀、脅差短刀、弓、長槍、鐵炮以及其他種種武器之行為，應嚴格廢止」等內容，也就是說百姓應該專心於耕種田地等自己的本職工作，持有武器是有害無益的行為。

終於到了天正十八年三月，征戰的時機逐步成熟，秀吉決定征伐小田原。秀吉進逼小田原城是在四月三日，其軍力總數達三十萬。關東諸城相繼被攻佔，小田原城被孤立、陷入重圍之中，因此七月十一日，北條氏政、氏照兄弟終於開城請降，並在城外切腹自盡。同時伊達政宗等奥羽地區的豪族勢力也大多趕來小田原歸順秀吉，東北一帶不戰而定，日本在歷經漫長的紛亂之後，終於再次歸於統一。此時是天正十八年（一五九〇），秀吉五十五歲。

北條氏一滅亡，秀吉立刻將德川家康轉封於關八州，家康則於八月一日入駐江戶城。對於家康的舊領地三河、遠江、駿河、甲斐、信濃五國，秀吉將其收歸自己所有之後，又分別交給了自己所信賴的人來管理。

出兵朝鮮

從這時起至秀吉去世的八年時間裡，最大的問題在於出兵海外。此事於日本幾乎沒有任何好處，對朝鮮則有極大困擾，也就是說這是一件對雙方來說都很不幸的事件。秀吉此人，當真是極其傑出的英雄人物；然而他將這一英雄本質發揮得最為淋漓盡致的表現，是對於明智和柴田氏的征伐。後來，秀吉的私生活靡亂，其政治判斷也出現了很多脫離正軌的情況。之前的信長，就是在強敵消失之後疏忽大意，最終死於非命。雖然目睹了這樣悲壯的先例，但如今秀吉也同樣驕橫了起來。人生在世，無論誰都尤其應該在其全盛之時保持審慎的態度。秀吉就是在日益驕橫、不再謹慎行事之時，決定出兵海外，這實在是令人遺憾。不過希望向海外擴張這一點，不僅是秀吉從很早開始就萌發的想法，而且除了秀吉之外，其他人似乎也有這樣的想法。天正五年的時候，秀吉就向信長進言，表示希望信長可以賞賜給自己大陸的領地；天正十年，秀吉封龜井茲矩為琉球守，隨後又任命其為台州守，這兩件事情就都是源於這種希望。於是從天正十四、十五年開始，秀吉就明確地表達了其試圖收服唐（即指中國）與南蠻的希望和計畫。大概是因為日本過去時常收到來自蒙古的無禮文書，之後還遭受了前後兩次蒙古大軍的侵略，而這其中漢人的軍隊，以及朝鮮的軍隊都參與了對日本的侵略戰爭，日本由此產生的敵對仇恨情緒，頑固地長期延續了下來，通過這樣一個機會被表達了出來。秀吉本來計畫借道朝鮮直接攻入明朝，但由於朝鮮的抵抗，故而轉變方針首先與朝鮮交戰，之後與明朝大軍作戰。出兵分為前後兩次，第一次是文祿元年（一五九二）四月，十五萬八千名士兵渡海，五月二日攻入朝鮮京城（首爾），六月十日抵達平壤，之後進兵咸鏡道的加藤清正還抓獲了朝鮮二王子，並以莊重而溫和的方式對其加以照顧。這之後與明朝之間的和談開始，本以為短時間裡得以恢復和平，然而慶長二年（一五九七）春，日本再次出兵，十四萬士兵渡海，並在戰略要地築城；但由於次年慶長三年八月秀吉病故，根據其遺言，渡海軍隊全部撤軍。這期間還發生了碧蹄館之戰（小早川隆景與立花宗茂）、蔚山守衛戰（加藤清正與淺野幸長）、泗川之戰（島津義弘）等戰果輝煌的事件，在這裡就不一一詳盡敘述了。

◎德川家康

家康的成長歷程

繼承了悲壯隕落的信長之遺志，在數百年的紛亂之後，擁戴天皇再次完成統一日本全國大業的英雄秀吉，在慶長三年（一五九八）八月十八日這一天合上了雙眼，享年六十三歲。接下來出現的問題是，自此以後誰將佔據政局的中心，統御群雄。秀吉最初因為沒有親生子的關係，將自己的外甥秀次立為繼承人，並奏請朝廷任命其為關白，秀吉於是作為前關白而被稱作「太閤」。然而由於文祿二年親生子秀賴誕生，秀吉的心思發生了變化。秀次則因為耽於遊樂，作惡多端，於文祿四年在高野山被迫切腹自盡。無論是秀次還是秀吉，都可謂醜態畢露，所為非德。雖說秀吉的事業本來由秀賴繼承就好，然而僅僅六歲的幼童無論如何也不可能指揮武將眾人，執掌天下政務。而且秀吉出於對幼子的珍愛，懇切地請求德川家康、宇喜多秀家、前田利家、毛利輝元、小早川隆景五人，無論如何也要輔佐秀賴茁壯成長。之後由於小早川隆景很快病逝，上杉景勝取代了他的位置，上述五人被稱為「五大老」。而實際的政務，則由淺野長政、增田長盛、石田三成等五人分擔，他們被稱作「五奉行」。

然而，毫無實力的少年作為政治中心幾乎沒有收服天下群雄的可能，這種不安定在秀吉死後就再也難以消除。公平而論，此時從實力上說居於首位的是德川家康。家康作為信長的盟友，是得到信長尊敬的人；同時，他作為秀吉的競爭對手，是實力得到秀吉所承認的人。擁有這等力量和名望，家康在五大老之中也是超越群雄的存在。於是政權的中心便開始依照自然規律，一點點地向家康傾斜。

家康是三河國岡崎城城主松平廣忠之子。天文十六年（一五四七），由於受到織田信秀的攻擊而求援於今川義元，廣忠將其子竹千代（也就是家康，時年六歲）作為人質送往今川氏。但是因為在送交途中遭遇劫持，家康反而被送到了織田氏一邊，這就出現了城郭服從於今川一方，人質卻在織田一方的不可思議的狀態。不久廣忠病死，岡崎城被今川氏霸佔，竹千代也因為交換人質的關係，被從織田家轉送到了今川家。當時竹千代八歲，從此以後的十二年裡，一直作為寄人籬下的「食客」成長於今川家中。時至永祿三年，今川義元舉大兵西上之際，家康被命令向深入敵軍腹地的大高城運送糧草，並乾淨俐落地完成了任務。然而就在這之後，義元殞命，今川軍全面崩潰。於是，當夜家康等月亮升起後便由大高城出奔，回轉三河，此時由於守衛岡崎城的今川軍已經全部撤退未留一兵一卒，家康表示既然是棄城，由我接收也就沒什麼不可，如此進入岡崎城。六歲作為人質自城而出的家康，十九歲的時候作為城主總算歸來。這之後，家康看到繼承今川家業的氏真乃愚人一個，竟然連一點為弔唁亡父而奮戰的意思都沒有，於是脫離今川氏，於永祿四年赴清州與信長會面，達成了織田與德川兩家之間的同盟關係。這一同盟一直到信長故去，前後持續二十二年，兩人從未相互背叛，從未相互懷疑，一直相互幫助，這在戰國時代是極為罕見的事情。

如前所述，家康自六歲幼稚之時起就離開家鄉、淪為人質，到十九歲為止在今川義元的手下聽憑差遣，二十歲至四十一歲之間雖然名義上說是織田信長的盟友，卻一直在其麾下聽命，往後一直到五十七歲為止，都不得不在秀吉之下歸順臣服。也就是說，自懂事開始近五十年的時間裡，家康不斷經歷著各種苦難，但他都忍耐並承受住了。有句古話叫「習與性成」[16]，這五十年的苦難無疑對家康的性格產生了巨大的影響。也因為如此，秀吉去世後從實力上講理應由家康號令天下，但因為秀吉的遺言以及大阪方面的意思，家康並未強硬行事，而是選擇繼續等待時機。

關原之戰

上述情況導致政局在十七八年的時間裡持續動盪不安。這種狀態在經歷了兩次重大的震盪之後才初步穩定了下來。關原之戰就是最初的大震盪。慶長五年，

16 出自《尚書》。——譯者注

大阪一方的中心人物石田三成與會津的上杉景勝聯合，打算扳倒家康。家康為討伐景勝而從大阪發兵，不過在行進至小山的時候，得到了三成已經在大阪舉兵的消息。家康將自己的次子秀康留在當地防備上杉軍，自己隨即引兵回撤。到了九月十五日，東西兩軍在美濃的關原一地進行了決戰。這時的西軍，也就是大阪方的兵力為八萬人；而東軍，也就是德川方的兵力約七萬五千人。戰鬥從清晨八點開始，戰況異常激烈，就連家康也一度咬著手指感到焦慮心痛；但下午以後，一直作壁上觀的小早川秀秋背叛西軍，率領一萬三千人的大軍呼應東軍，開始攻擊西軍。西軍一方大谷吉繼戰死，宇喜多秀家、小西行長、石田三成也都紛紛敗退逃亡。島津軍同樣陷入了極為艱難的苦戰之中，不過勇將義弘將一千五百人的兵力聚攏成一團，直衝入東軍陣中，與福島正則、小早川秀秋、本多忠勝、井伊直政等軍展開激戰，雖然大部分士兵戰死，但主將義弘與八十餘名兵士得以在戰鬥之餘逃生，返回薩摩本國。

清晨八點開始的戰鬥，到下午兩點勝負已分。所謂「劃分天下」的這一戰鬥，以家康的巨大勝利而告終。慶長五年（一六〇〇）九月十五日，通過這一天的「大震盪」，誰也無法比肩家康的實力這一點成為人所共知的事情。石田三成、小西行長等人相繼被捕，隨即被斬首，宇喜多秀家被流放八丈島。毛利輝元名義上是西軍的總指揮，實際上保持著中立的態度，完全沒有參與戰鬥，這也是出於自身安全的考量。不過當勝負已有定論，家康對他的態度也變得異常冷酷，將其領有的十國一百二十萬石土地全部沒收，多虧投靠東軍的毛利一族成員吉川廣家的懇切請求，家康才最終同意保留其周防、長門兩國區區三十六萬九千石的領地。上杉景勝在會津的一百二十萬石領地也全部被沒收，然後被授予了米澤區區三十萬石的領地。被沒收領地的主要部分是宇喜多的五十七萬石，長曾我部的二十萬石，增田、小西、石田、宮部等人各自約二十萬石，以及其他共計約八十餘名大名的領地。家康將上述領地沒收，並分給了東軍的諸將士，比如，加賀前田氏受封三十六萬石達到一百一十九萬石，宇都宮蒲生氏受封四十餘萬石轉會津六十萬石，小早川秀秋受封岡山七十二萬石，黑田受封福岡五十二萬石，加藤清正受封熊本五十二萬石，池田輝政受封姬路五十二萬石，福島正則受封廣島四十九萬石，就像這樣原本屬於大阪一方的武將們都受到了特殊的優待，這也是家康為了今後而進行的準備。經關原一戰，五大老五奉行體系徹底崩潰，但是即便家康的優越地位已經確立，大阪依然還有秀賴存在，豐太閤的榮光還很深刻地殘留在人們的記憶中，這樣一來，說不定什麼時候世間還會發生動亂。這樣的動搖最終在慶長十九年的大阪冬之陣，以及次年元和元年的大阪夏之陣變成了現實。不過此時距秀吉去世已經多年，接受太閤恩典的大名也逐漸亡故，特別是加藤清正於慶長十六年、淺野幸長於十八年逝去，再沒有能夠為了秀賴而全力以赴的大名了，因此即便是真田幸村和木村重成等驍勇善戰之輩也無濟於事，元和元年五月八日大阪城淪陷，秀賴自盡，英年二十三歲。在這次進攻大阪城的戰鬥中，沒有一位大名站在大阪一方，由此可見此前的關原之戰才真正是決定天下的一戰，德川氏的霸權從那時起就得到確立，再加上隨之而來的戰後安排非常巧妙，對投靠敵方的人予以徹底打擊，對己方的同盟則給予十分甚至是十二分的恩賜，這就使得人們都清晰地明白了個中利害關係。關原合戰之前從屬於德川氏的人被稱為譜代，這之後臣服於德川氏的人則被稱為外樣，二者身份的區別被極為嚴格地確立了起來。

德川幕府

如同之前提到的，站在天下政治中心的人從信長變成了秀吉，又從秀吉變成了家康。然而與信長和秀吉相比，家康的姿態發生了巨大的變化。信長和秀吉都以京都為中心進行政治規劃，即使是出於戰術上的需要而並不久居京都，也會盡可能在距離京都更近的地方居住，安土城和伏見城就是出於這種思路而修建的。不過家康則將自己的大本營設在了遠離京都的江戶，並且即便是自己隱退之後，也選擇在駿府（靜岡）居住。另外，信長任右大臣，秀吉任關白，二人都是作為朝廷的重臣，擁戴天皇而行天下政治。然而家康則在慶長八年（一六〇三）被任命為征夷大將軍、開幕府，在江戶處理天下政治，並將這一體制固定化，以至於子孫代代相傳。也就是說，自天正元年信長推翻足利幕府以來，時隔三十年，幕府時代再次回歸。

但事實並非如此。三十年前的足利幕府是開幕於京都，即公武一體的形式；而家康則遠遠地避開京都，完全獨立於朝廷，在江戶開設幕府，這一點與鎌倉幕府十分相似。也就是說，家康所期望的目標、所選擇作為範例的物件是源賴朝。這樣說起來，兩人的經歷其實非常相似。賴朝十四歲被流放伊豆，也是在長達二十年的時間裡不得不忍受作為「流人」的侮辱和艱辛。家康六歲的時候被送出當人質，經歷了長時間的苦難，即便是成為岡崎和濱松的城主之後，也依然不得不在信長和秀吉在世的時間裡隱忍於他們的手下，直到關原一戰之後，家康才終於可以自由地指揮諸大名，此時他卻已經五十九歲了。兩人命運相似，遭遇相似，因此性格上也很接近，家康本人還很尊敬賴朝，對他的事蹟專門進行過研究。有一部創作於鎌倉幕府時期的典籍叫作《吾妻鏡》，書中有對賴朝言行如同親眼所見一般詳盡的描述。家康很喜歡閱讀《吾妻鏡》一書。此書有一套早期的五十一冊寫本原來保存於小田原，北條氏在滅亡之際將其贈予黑田家，慶長九年黑田家將此送與家康，家康非常高興，並將其刊行出版。正是由於對賴朝的事蹟有如此深刻的研究，因此在建設幕府的方法，以及統御大名的政策等方面，家康有很多與賴朝幾乎如出一轍的地方。[17]

不過無論怎麼相似，家康也只不過是在符合自己情況的地方加以模仿。在對待朝廷的態度等方面，家康的政策則要比賴朝嚴格得多。就在元和元年眼看就要攻下大阪城的時候，家康制定了「禁中並公家諸法度」以及「武家諸法度」，據此對朝廷以及諸大名進行約束，鞏固幕府體制。這裡將武家諸法度列舉如下：

武家諸法度

一、專心修煉文武弓馬之道。

二、群飲佚游應加以限制。

三、諸國絕不可藏匿違背法度之徒。

四、諸國各大名、小名，以及各領俸、蓄養之士卒，有被告為叛逆殺人者，應速速放逐。

五、從今以後，除本國人之外，不得招攬他國之人。

六、諸國若有居城修補之事，必須先行上告。應嚴格禁止不經告知行新城營

17 實際上江戶幕府的政策更多因襲豐臣政權，禮儀制度則多模仿室町幕府，與鎌倉幕府關係不大。——譯者注

造之行為。

七、鄰國有企圖營造新城以及召集黨徒者，應儘早上告幕府。

八、不准行私自達成婚姻關係之事。

九、諸大名需行參勤交代之事。

十、衣裳之品級應避免混淆不清。

十一、身份低下者不得行乘輿之事。

十二、諸國諸武士應厲行勤儉。

十三、國主應遴選可負責政務之人才。

上述諸條之宗旨應嚴格遵守。

慶長二十年卯七月

慶長二十年七月，改年號為元和。關於上述十三條，各自附有詳細的說明內容，此處暫且省略不表。這樣的十三條法度本來是指導諸大名，對其進行誠懇勸化的內容；可是一旦這樣的條目被制定了出來，對諸大名進行處置似乎就變成了幕府的自由。比如福島正則，賤岳七本槍中的一位，原來是秀吉身邊的近臣之一。在關原之戰之中，正則作為家康軍的先鋒部隊進攻大阪一方，因這一戰功自清州二十萬石受封至廣島四十九萬八千石，還在隨後幫助建造江戶城的工程中受傷骨折。然而到了元和五年，由於擅自修繕廣島城，他被追責違犯武家諸法度之罪，四十九萬八千石領地被沒收，本人被流放信州川中島。加藤清正之子忠廣也是如此，由於其有不端行跡、不問政事，在寬永九年被沒收其熊本五十二萬石的領地，本人被流放出羽庄內。這樣一來，一旦制定了這樣的諸法度，幕府可以自由地對朝廷進行干涉，也可以隨心所欲地消滅諸大名，幕府的體制也會愈發穩固。也就是在這一點上，德川幕府與足利幕府之間存在著重大區別。這大概也是因為家康看到足利幕府時常因為強有力的大名的叛亂而陷入困境的先例，並對此有所考量吧。有一個詞叫作「深謀遠慮」，即看透了遙遠的未來，無論什麼樣的危險，都考慮到了與之相對應的預先防備措施，以謀求永久的安全，家康正是所謂深謀遠慮之人。

如上所述，大阪城淪陷，諸法度頒佈，至此已經了無牽掛的家康於元和二年

（一六一六）四月十七日，在駿府城壽終正寢。駿府就是今天的靜岡。家康在慶長十年把將軍之位讓與其子秀忠，從十二年開始移居駿府，世稱「大御所」。他逝去之時，享年七十五歲。

家康開創的事業之中有一項對後世影響極大，即獎勵學問的事業。家康於文祿二年招徠藤原惺窩，聽其講授《貞觀政要》，之後還聆聽了惺窩所講的《漢書》，以及林羅山所講的《論語》等。另外，家康還在伏見創辦學校，任命三要為校長，並在此處指示其出版了《孔子家語》《六韜三略》《貞觀政要》等書籍。《吾妻鏡》五十一冊，採用活版印刷技術，於慶長十年完成出版。之後根據制定諸法度的需要，家康要求手下廣泛收集古書並進行抄寫，由此古書資料得以大量重現於世間。就這樣，自應仁大亂以來，難得一見的古書得以被當作珍寶對待，學問也再一次變得受到尊重。其影響還涉及多個方面，不過這就是之後要提到的內容了。

◎德川家光

日光東照宮

家康於慶長八年二月被任命為將軍，十年四月將將軍之位讓給了秀忠。秀忠任將軍一職十九年，在元和九年七月讓位給了家光。家光是秀忠的長子。然而，比起秀忠之子這樣的說法，恐怕家康之孫這樣的稱謂，無論是從家光本人的自我定位來說，還是從世間所接受和理解的印象來說，才更為合適。

首先，家光能成為將軍，並非受惠於其父，而是源於其祖父的決斷。家光的父親是秀忠，母親是秀忠正妻淺井氏，即當年越後北之莊城破之時逃出城外的淺井三姐妹之一，也是澱君的妹妹。家光生於慶長九年（一六〇四），幼名竹千代。竹千代這一名號本是家康的幼名，授意讓家光使用這一名號，據說就是家康本人的意思。然而兩年之後，自從家光胞弟國松，即之後的忠長誕生之日起，父母二人似乎就開始寵愛弟弟而疏遠哥哥家光了。恐怕在父母看來，弟弟更討人喜歡，更值得期待吧。如果一直這樣下去，難免會讓人產生秀忠早晚會把弟弟忠長選為自己的繼承人的想法。此時，哥哥竹千代的乳母春日局很擔心這種情況，於是奔赴駿府向家康訴說凡此種種。據說家康聽聞後立即前往江戶，將兩個孫兒招來，讓竹千代坐在上座，國松坐在下座，以明顯上下有別的方式對待兩人，由此表明了家光的繼承人身份。這是元和元年家光十二歲時的事情，次年家康就去世了。臨終之時，家康在留給重臣土井大炊頭[18]的遺言中仍著重強調了讓家光做繼承人的事情。出於上述原因，元和九年家光能夠順利繼任將軍，從恩義的角度來看，他應該感謝的也的確是家康。不過，家光對家康的感情，與其說是出於心服祖父在治理天下的經綸以及才智方面的雄才大略，並由此生發出的尊敬和思慕，不如說更像是一種徹頭徹尾的信仰。這樣一來，家光偶爾會在夢中夢見祖父，在夢中聽聞祖父的教誨，並將其記錄下來，收藏在自己隨身攜帶的裝護身符的袋子之中。此外，家光還命狩野探幽[19]將自己夢中所見祖父的模糊面容描繪出來。這樣的夢之畫像，至今仍有八幅保存在日光。

家康在駿府逝世，隨後入葬久能山，次年二月被授予東照大權現的神號，四月從久能山改葬日光山，開始作為神明享受祭祀。日光的東照宮由此創立，不過其規模並不壯觀，裝飾也並不華麗。家光雖然在元和九年成為將軍，但在此之後的十年裡，其父秀忠一直居住在江戶城西之丸，作為將軍的後見輔佐人，參與各種事務的決策。直到秀忠於寬永九年（一六三二）正月逝世，家光才終於可以按照自己的想法推行各種政策，他立即開始了日光東照宮的重建計畫。秋元但馬守[20]為奉行，甲良豐後[21]為大工的營造工事自寬永十一年（一六三四）十一月開始全速推進，至寬永十三年四月全面完工。從江戶時代到大正年間為止，這一巨大的建設工程一直都被認為前後耗時約十三年，費用則是通過向天下諸大名徵收

18 即土井利勝，家康、秀忠、家光三代幕府重臣。——譯者注

19 江戶前期幕府御用畫師，狩野派家主。——譯者注

20 即秋元泰朝，幕臣，譜代大名。——譯者注

21 即甲良宗廣，幕府作事奉行，專司營造的工匠。——譯者注

而來的。然而經過調查研究發現，實際營造僅僅用時一年半，而且所用資費全部由幕府支出，包括金五十六萬八千兩，銀一百貫，以及大米一千石。能夠投入如此大量的金銀，迅速完成如此巨大的工程，顯示出了當時幕府強大的實力，以至於到了後世，人們甚至難以相信。同時，這一工程也表明了家光對於祖父家康的信仰，工程本身蘊含著重要的意義。

這裡要提到一個與之相關的內容，即幕府的財力問題。家康十分重視財政問題，在武家諸法度之中也加入了一條關於諸國武士應厲行勤儉的命令，對這條命令的注釋是「富者愈發得意，貧者恥其不能，俗世之凋敝莫過於此，非嚴管而不可」。把將軍之位讓與秀忠之後隱居於駿府的家康，在去世之時積累的財富包括金四百七十箱，銀四千九百五十三箱，銀幣五十五捆，即便粗略估算下來，也有將近二百萬兩之多。秀忠雖然命令將這些財富分與尾張、紀伊、水戶德川御三家，但老臣本多正純僅分給尾張與紀伊兩家各三十萬兩，水戶家十五萬兩，將其餘部分貯藏在久能山中。到元和七年，因為御三家出於各種需要而借出一部分，久能山中還剩餘一百萬兩。從寬永九年到十三年之間，家光則將這些錢全部搬到了江戶。而一旦通過上述內容理解了幕府初期的財政狀況和金銀的豐富程度，根據家康積蓄、秀忠保存、家光活用的三種不同處理辦法，就可以更好地理解這三個人的不同性格。

家光通過手中大筆財富的支持，異常迅速地完成了日光的重大工程。也許有人會說即便這是因信仰而起的工程，卻也因為信仰而消耗了太多的財力了吧。其實並非如此，這一工程使得幕府增添了威嚴，在讓諸大名順服這一層面上無疑有著非常深遠的功效。家康雖然在很早之前就作為傑出的武將而被廣泛認可，但他長期處於信長和秀吉的領導之下，因此在其他的大名，諸如前田、毛利、島津、伊達等家看來，家康雖是同輩者中特別有實力的一位，卻也並非高於眾人的。對於家康與秀忠兩代來說或許是這樣，但到家光一代關係就完全不一樣了。也就是說家光乃是生而為將軍者，從未有過作為一介大名與他人比肩同級的經歷。這就使得家光擁有了可以對諸大名毫無顧忌地暢所欲言的力量。據傳，父親秀忠亡故之時，家光不僅反對將前將軍之死的消息暫時密不宣告的提議，還於當夜向全體前來弔喪的大名們做出了如下宣言：

吾之祖父與父親，皆歷經實戰而終成統一大業，吾則尚未有此經驗，故而若諸位有希冀此事者，如其所願，歸國修兵與吾一戰亦無不可。

此時，伊達政宗欠身而出，說道：

若有膽敢忘卻德川家恩典之狼子野心之徒，何用將軍御駕親征，政宗一人便要將其蕩平。

此言一出，眾人皆驚服。這一故事流傳甚廣。

每次將軍更替之時，都要重新向諸大名頒佈武家諸法度；之前的兩代將軍更替之時，都要求諸大名分別提出立誓服從的誓紙和血判，而到家光的時候，則向諸大名傳達了以下的指令：

各位侍奉將軍三代之久，故自今以後無須複呈誓紙也。

大名之中，有因為本人死後無嗣繼承而一家破滅的，也有很多因為違背武家諸法度而遭受懲罰的，如元和五年福島正則四十九萬八千石領地被沒收歸公。之前也提到過，領有駿河、遠江、甲斐三國五十五萬石之地，世稱駿河大納言的家光親弟弟忠長，在寬永九年因為日常行為多有不謹慎、濫殺無辜達數人而被問責，五十五萬石領地被沒收，忠長被流放高崎，之後不久自殺身亡。即便是將軍的親弟弟也受到了如此嚴厲的處分，因此諸大名對於將軍想必十分畏懼。而將軍擁有這種權威，是因為他們是受人崇敬的「東照宮」、受人敬仰的「大權現」家康的直系、後嗣，是家康設計的大政方針路線的執行人，因此將日光東照宮重修得莊嚴宏偉的這一舉動，實在是為了展現將軍的威嚴而做出的。

大名的概要

如上所述，到了第三代家光的時代，德川將軍的權威作為不可以被撼動的東西而確立、固定下來。這裡本想簡要描述一下大名的概要，但令人頭疼的是，大名方面的變動數不勝數。特別是元和、寬永年間，大名家斷絕消失的情況非常之多，不過這裡要說一說趨於穩定時的狀態。大名分為譜代、親藩和外樣三類。外樣大名以前曾是德川氏的同輩，出於時間場合的不同，有時還可能是德川氏的競爭對手，因此幕府不得不對這類大名保持警惕，於是那些實力強大的大名都被安置在遠離中央的地方。加賀前田家一百零二萬石，薩摩島津家七十七萬石，仙台伊達家六十二萬石，肥後細川家五十四萬石，福岡黑田家五十二萬石，安藝淺野家四十二萬石，長州毛利家三十六萬石，肥前鍋島家三十五萬石等，他們都是力量強勁的大名。與他們處於完全相反的立場之上的是親藩大名，也就是德川氏一門。其中特別重要的是尾張、紀伊、水戶三家，他們被稱為尾、紀、水御三家。他們都是以家康的兒子為初代家主所創立的。尾張義直領六十一萬石，紀州賴宣領五十五萬石，水戶賴房領三十五萬石，三人都被封於戰略要地。御三家擁有在將軍本家後嗣缺乏的情況下入繼將軍之位的特權，因此享有特別的待遇。除此之外，親藩大名還包括越前的松平家，不過松平家在忠直作為家主的時候遭受處分，領地遭到很大削減，之後領有三十二萬石，以對相鄰的前田家保持牽制作用。還有很多從越前家分立出來的分家，比如松江十八萬石、川越十七萬石、明石十萬石等。譜代大名是德川氏原來的部將受封而形成的，幕府信賴這些大名，並以其為主力，將他們廣泛地安置在關東、東海、東山、近畿地區，即江戶和京都的周邊，以及聯絡二者的道路沿線，滴水不漏的防禦體制由此得以確立。其中最重要的是彥根井伊家三十五萬石，姬路酒井家十五萬石，小濱酒井家十萬石，佐倉堀田家十一萬石，福山阿部家十一萬石，岡崎本多家五萬石等。領地俸祿在一萬石以上者被稱為大名，在一萬石一下者則被稱為旗本、御家人。旗本是可以面見將軍的上層武士，御家人則是比旗本略低一等的下級武士。將軍親自統帥這些旗本、御家人，以江戶城為據點，擁有直轄領四百二十萬石，加上旗本領地共計六百八十萬石，大概相當於日本全國的三分之一。如果再將譜代大名全都加上的話，那麼日本國就有一大半是由德川氏一門或者其屬臣所領有的了。由此可以了解，這是一種即便是外樣大名中有那麼兩三個有什麼非分之想，也不會造成多大危害的體制。此外，這其中還包含了戰時警備體制。這一體制是德川時代兩百多年間一直維持不變的，而這種體制的最終完成就是在三代家光在位的時期。

家光居於這一體制的中心位置，其下設置了老中、若年寄、寺社奉行、町奉行、勘定奉行等職位，以便執行政務。

島原之亂

島原之亂是家光時期所發生的重大事件。稱其為重大事件，是因為它最終導致了寬永十六年鎖國令的頒佈，日本與海外的交通由此遭到隔絕。日本之名號被西洋所知曉，大概最早可以追溯至蒙古來襲之初，即義大利人馬可．波羅（Marco Polo，一二五四至一三二四）在追隨元朝國王的時候知道了日本，並在其著作中將日本以「ジパング」（Zipang）之名加以介紹，宣稱其為金銀豐富之島，由此煽動起了西洋人的探險熱潮，由此為起點，最終演變為了哥倫布（Columbus，一五〇六年去世）發現美洲（一四九二）等結果，可是西洋人出現在日本是相當晚近的事情，最早也只能上溯到天文十二年（一五四三）葡萄牙人漂流到種子島這一事件。從這以後，商人也好，傳教士也罷，紛紛前來，一方面傳來了火槍，進而促進了戰術的革新，另一方面基督教也廣泛傳播，在日本發展了大量信眾。

最初在日本傳播基督教的是方濟各．沙勿略（Francisco de Xavier，一五〇六至一五五二）神父。他是耶穌會的創始人之一，於天文十八年自鹿兒島登陸，經過四十餘天的學習掌握日語之後，開始進行傳教活動。他先是在山口地區佈道，之後還前往京都；在旅途中他完全光腳行路，而且肩挑著同行旅人的行李走在馬匹的後面，對極其艱難的事情從無厭拒，由此受到他感化的信徒逐漸開始湧現。不過沙勿略本人在兩年後離開了日本，並於次年（天文二十一年）在廣東附近的島上去世，享年四十六歲。從沙勿略開始，越來越多的傳教士來到日本佈道。這些傳教士的報告中留下了關於當時日本的世間百態和日本人的性格相當詳盡的描述。沙勿略的書信中就寫道：「像日本人這樣厭惡盜竊行為的人民，世界少見。」綜合其他傳教士的報告可以看出傳教士們認為：日本人尊敬父母，相信不孝父母之人必將遭受神明的懲罰；日本人看重名譽，排斥貪欲，有勇氣且忍耐力強，即便遭遇災害也並不悲傷；面對危險不害怕，喜怒不形於色，以多言為賤而少言寡語。

從沙勿略來到日本的天文十八年起，到天正十五年為止接近四十年的時間裡，所謂「南蠻人」（經由南洋來到日本的西洋人）往來頻繁，在貿易活動興旺的同時，基督教也廣泛傳播，信徒數量大幅上升。特別是在九州，大友以及有馬等大名也都狂熱地信仰基督教，中部也有包括高山、細川、小西等大名信徒出現。天正十五年的九州征伐之時，覺察到了這一點的秀吉做出了禁止基督教、將傳教士驅逐出國的決定，這在前面章節中已經提過。然而秀吉僅僅是禁教，貿易活動依然進行，因此實際上基督教徒依舊在不斷增加。家康因為決定實施繁榮貿易的方針，所以最初對於基督教的政策是比較寬大的，但是其間聽說了葡萄牙人所懷有的政治野心，出於對其的警戒，在慶長十七年的時候宣佈廢除在京都的教會，並禁止佈道活動。到秀忠的時代，貿易港口被限定在長崎和平戶兩地，基督教徒受到打壓。

寬永十四年（一六三七）發生的島原之亂，就是對這一打壓行為的反抗。基督教徒以十六歲的少年益田時貞為首領，固守在古舊的廢城中進行抵抗，幕府為此任命板倉重昌進行討伐，並要求九州諸大名予以協作配合。重昌是板倉伊賀守勝重的次男，周防守重宗之弟，其父親也好，兄長也好，都是擔任過京都所司代一職、聲譽極高的人物。重昌雖然也算得上是很有聲望的重要人物了，但由於僅僅是領地一萬石的小領主，自身力量相對薄弱，卻還要指揮鍋島和細川等這樣的實力大名，實際上這簡直是不可能的。聽聞一揆民變的勢力反而愈發強大的消息，幕府在十一月月末又改任老中松平信綱為征討使。信綱本身雖然也不過是區區三萬石的城主，但他深得將軍信任，並出任老中這一重要職務，因此諸大名自然能夠服從他的命令。聽說改由信綱任征討使的消息之後，重昌於十五年正月元日強行發動總攻，結果傷亡慘重，就連重昌本人也不幸戰死。三天之後，信綱抵達現場，改戰略方針為攻其糧草，挾十二萬大軍將城池團團圍住，到二月二十八日最終攻陷城池。

島原之戰中，一揆叛亂方面的人們基本都是百姓，固守之城也是緊急加固的破舊古城，在此守衛的人數也不過三萬數千人而已。而攻打一揆這一方則是在幕府的命令之下悉數出兵的鍋島、有馬、立花、細川、松倉等諸藩大名，其總兵力達十二萬餘人，耗費五個月的時間進行鎮壓，最開始的追討使板倉重昌戰死，之後趕來的松平信綱乃是被世人稱作「智慧伊豆」之人，但他也不過是攻其兵糧，並未出兵交戰。特別是在重昌戰死那一天的戰鬥中，幕府軍死傷四千，一揆方則據說只損失了九十人，實在令人無言以對。如果與四十年前在朝鮮與明朝大軍作戰之時相比較的話，進行作戰的居然是同一批日本武士這一點，實在會讓人驚歎。

碧蹄館之戰（文祿二年）之時，面對向朝鮮京城逼近的兩萬明軍，自清晨開始由立花宗茂率領區區二千五百名親兵迎戰，奮戰至敵軍疲困之際，下午則由小早川隆景率一萬餘大部隊最終將敵軍擊潰。蔚山圍城（慶長二年至三年）之時，正在修築城防工事的淺野幸長被突然趕到的四萬明朝大軍團團圍困，聞聽此消息的加藤清正帶領區區五十人的部隊及二十支火槍趕來救援。此時蔚山的城防工事尚未完成，兵糧極端短缺，甚至都難以期待己方會有援助到來。在這種情況下總計兩千人的守軍依然頑強固守，毫不屈服，在加藤援軍出人意料地到來之後隨即反撲，擊退明軍。戰後僅是清點遺留在城門附近的明軍屍體，便有一萬三百八十六具之多。泗川之戰（慶長三年）中，島津義弘領導不足五千名士兵遭遇數萬明軍圍困，仍然開城門迎敵突擊，取敵軍首級三萬八千個以上。就是這位島津義弘，在慶長五年的關原之戰中從屬於西軍，憑藉屈指可數的兵力筆直地從東軍陣中衝殺而過，獲勝當然是不可能的，卻能夠甩掉追兵、安然返回薩摩。經此一戰毛利家的領地被削減了八十三萬石之多，島津家卻得以保持自己原本的領地毫無改變。這就是四十年前的日本武士。那麼，究竟發生了什麼，使得這些武士在四十年後以十二萬大軍在與三萬餘人的起義軍作戰之時，一交戰便傷亡慘重，不得已採取攻其糧草的戰術，最終靠時間才解決問題呢？三四十年間持續和平，無事太平的狀態的確值得高興，但在這期間武士們的身心都開始衰退了吧。寬永年間就已經是如此狀態，經歷了元祿時代，經歷了文化、文政時代到幕末之時，旗本八萬騎事實上也難有什麼作為，其景象也就大概可以想像得到了。

鎖國

島原之亂很重要的一點影響是幕府為了懲前毖後而愈發強化和鞏固了鎖國的政策方針。葡萄牙人被從長崎的出島上驅逐出境，並不再被允許重返日本。只有與基督教毫不相關的中國人，以及反對天主教並且從不涉及除貿易交流之外其他事項的荷蘭人方被允許繼續像從前一樣進行貿易通商，而荷蘭人的商館也被從平戶遷到了長崎。在到此為止近三十三年的時間裡，平戶一直是與荷蘭人進行貿易往來的重要港口，不過在寬永十八年，這一重要性被長崎取代了。

除了荷蘭人與中國人之外，其他外國人不被允許來到日本，日本人出行海外也遭到禁止，其結果是日本不僅無法面向海外發展，甚至就連關於世界形勢的認知都退入了未知的黑暗之中。駿河人山田長政在元和、寬永時期，曾經在暹羅國（今天的泰國）立下了拯救國王的戰功而深受重用；明朝在末年真正意義上的生死存亡之際，曾懇切地請求日本施以援助等。幕府在這些與海外相關的事情上全都選擇閉眼不看，奉行與我完全無關的政策，僅靠一直仰仗「權現大人」的威光來全力保證國內的長治久安。這一制度在德川幕府第三代家光時期完成，之後歷經第五代將軍綱吉治下華麗的元祿時代、第八代將軍吉宗治下以經濟緊縮政策為主的享保時代等，雖然也多少有些變化，但一直得到持續，直到幕末，歷經了十五代將軍、歷時二百六十餘年的德川時代結束時才宣告終結。

家光任將軍一職共二十九年，於慶安四年（一六一五）四月亡故，享年四十八歲。

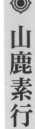

◎山鹿素行

林羅山

家康對學問特別感興趣，收集整理古代經典，並將其出版，還讓學者們對這些古代經典進行講解闡述，這一點在前文中已經提過。被家康招募來開設講義的人，首先是藤原惺窩，之後是惺窩的門人林羅山。永祿四年，也就是桶狹間之戰的第二年，惺窩在播磨出生，七八歲就開始在禪寺中學習，後來成為僧侶，進入京都的相國寺修行，然而其志並不在佛教，而在於儒學。後來機緣巧合，惺窩被招募至江戶，受家康的要求開講《貞觀政要》。此後，惺窩想要渡海遠赴明朝以探究學問，遂從筑前[22]乘船出海；中途卻因為遇到暴風雨而漂到了鬼界島，故而未能達成自己的目的。直到這時，日本的儒學依然還都是在傳授漢唐的學風，一般情況下興起於宋代的朱子學基本是被無視的，一直到惺窩這時才首次嘗試根據朱子的學說對古代經典進行解釋，所以惺窩打算遠赴明朝這一舉動，想來也是為了追究這一新興學說的源流吧。雖然西渡明朝之事如前所述一般以失敗告終，但取而代之的是惺窩通過與朝鮮學者之間的交往，以朱子學的解釋方式將四書五經的句讀、訓讀進行了確定。四書是指《大學》《中庸》《論語》《孟子》，五經是指《易經》《書經》《詩經》《春秋》《禮記》，毫無疑問這些都是儒學的基本古代經典。在惺窩之後，也時常會有學者對四書五經的句讀、訓讀進行修正，不過以朱子學來解釋四書五經是從這時開始的，在江戶時代變成了一種普遍的習慣。惺窩傾心於儒學研究，以至於就算在服裝的樣式上，也要儘量模仿中國的儒生。他於元和五年九月去世，享年五十九歲。

在惺窩為數眾多的門人中，林羅山、堀杏庵、那波活所、松永尺五等人都名聲在外，不過最為重要的人物還得說是林羅山。羅山於天正十一年生於京都，他

22 日本九州地區國名。——譯者注

八歲的時候，有一次適逢一位浪人朗讀《太平記》，羅山在旁邊聽過之後，馬上就能夠把聽到的內容背誦出來。只要是聽過一次的東西，他就不會忘記，因此人們都說「這孩子的耳朵是囊耳，進去過一次的東西就不會漏出來」。羅山十三歲元服成人，之後進入建仁寺求學，因為被規勸留在寺裡做僧侶，但羅山本人不想成為僧侶，所以到十五歲的時候就回到家中，並於十八歲的時候創立私塾，講授朱子學。這是慶長五年即關原決戰這一年發生的事情。在相同的時間裡，一邊是家康掌握了武家政權，另一邊則是羅山開創了自己的私塾，對這件巧合的事情，羅山的門下十分重視。慶長九年羅山與惺窩第一次見面，隨即拜其為師。能將如此俊傑的英才歸入自己門下，惺窩感到很高興，還送給羅山儒生的服裝。羅山此時年僅二十二歲，這一年他將自己讀過的書目加以整理、列出目錄，如果我們翻閱目錄就會發現，其閱讀書籍的總數已經達到了四百四十餘部之多。如果查閱他親筆寫下的「行狀」[23]，可以了解到羅山在讀書之時乃是「五行俱下」，也就是說以一目五行的速度進行閱讀，而即便是在這樣的速度之下，羅山還是可以將內容全部記住。我們對此除了目瞪口呆之外，實在無話可說。

慶長十年，羅山第一次面見家康，由此得到了後者的信任，最終出仕幕府，並按照幕府的安排更換造型為僧侶模樣，也從信勝改名為道春，成為幕府的政治顧問並擔任文教指導，這一重要職務之後則由林氏子孫代代相傳。此職俸祿三千五百石，對於學者來說，這一待遇是超群的。羅山任職約五十年，在明曆三年正月二十三日去世，享年七十五歲。就在他謝世前幾天，發生了被稱為「明曆大火」的大火災，大半個江戶化為灰燼，羅山的家和倉庫也都被燒毀，藏書被付之一炬，據說正是因為對這一災難悲痛不已，羅山的病情才會驟然加重的。羅山一生著書立說，完成著作一百四十七部，文集七十五卷，此外還有詩集七十五卷，當然，這一數字是後人在編纂之時，為了與他在世七十五歲的時間相應和而故意設計的。

23 記載某人生前的行動、業績或履歷的傳記。——譯者注

山鹿素行的一生

可以說，在惺窩和羅山的影響下，江戶時代學問研究的大幕已經徐徐拉開。而且，江戶時代學問的特點，大體上是由這二人基本確定的；當然這一特點之中，還存在很多應該進行修正，或者需要加以反省的地方，其中一點就讓我們通過山鹿素行的一生經歷來認識吧。山鹿一族原本是九州出身的家族，不過素行的父親出於種種原因遷至會津，元和八年，素行也出生在這裡，到六歲就跟隨父親去了江戶。素行從六歲開始學習，不過根據他本人的自傳：「蓋因本人不成器，遂至八歲左右方將四書五經等囫圇背誦下來。」九歲的時候，他進入林羅山門下學習，在入門的考察中，素行在誦讀考試內容的《論語》序和黃山谷的詩時，得到了「鑒於是跟隨鄉村學者進行學習這一點來看，雖然有些錯誤的訓讀習慣，不過這麼小的年紀就能讀得這麼好」的褒獎。十一歲的時候堀尾山城守（松江二十四萬石）以二百石的俸祿招募其出仕，被素行拒絕了。十五歲之時素行初次開設《大學》的講義，聽眾已經為數眾多；次年則根據人們提出的希望相繼開設了《孟子》和《論語》的講義。由於世間對這些講義的評價都相當之高，因此紀州家、阿部家、前田家等大名家都提出了招納素行為家臣的建議，可是都被本人拒絕了。這期間裡曾有人向將軍家光舉薦素行，素行也在等待這一出仕的時機，遺憾的是未曾想到家光突然亡故，這件事也就不了了之了。承應元年，素行終於接受了來自淺野內匠頭長直親自的邀請，出仕於播州赤穗藩，俸祿一千石。赤穗是五萬三千石的小藩，就算是家老重臣大石家的俸祿也不過一千五百石，三十一歲的新晉家臣就能夠獲得千石之高的俸祿，堪稱非比尋常的優待，何況這還是對於客卿的待遇，由此可以看出藩主的良苦用心。素行於八年後辭掉了這份職務變為浪人，在江戶自由地進行研究和講學。到寬文五年著《聖教要錄》一書，並將其刊行出版。這本書中的文章通過強而有力的論證指出，在羅山的指導下被確立為幕府文教方針的、素行本人到目前為止也一直認為是正確的學問實際上是錯誤的；同時，書中還主張應該從宋學和朱子學的理論框架中解放出來，直接接受孔子本人的學說教誨。這一論調無論如何也太過於激烈了，因此素行的門人們認為應該先從內部這些志同道合之人中間開始進行消化理解，不過素行反對這種做法，表示「此道乃天下之大道，不該將其卷而懷之」，最終還是把它出版了。

將軍家光去世之後，輔佐其繼任者家綱、作為顧問指導幕府政治的保科正之，實際上是家光的親弟弟，繼承保科家，成為會津二十三萬石的藩主。此時聽聞素行對於幕府文教方針的非難，正之異常憤怒，當即做出了對其進行懲處的命令。寬文六年十月三日下午一點稍過，素行收到了來自大目付[24]北條安房守的傳喚狀。素行判斷「定非輕易可了之事」，於是吃過晚飯、沐浴，匆忙間寫下遺書，特意不讓母親知道，還趕到寺院給父親上了墳。之後素行前往安房守住處時，卻被親切地告知「由於你寫了不必要的書籍，所以要被發配到淺野內匠頭之處，現在要立即動身前往赤穗，有什麼想和家裡聯繫的事情都可以交給我來進行」。當時素行的回答著實精彩，「蒙受好意，感激不盡，然吾亦常常離家出行，並無特需掛念交托之事」，也就是說不需要任何聯繫。

素行即日起被發配往淺野家，十月九日動身去赤穗。如果是在今天的話大概當天就能抵達，不過那時候一路上花了十六天的時間。為了方便起見，就把路上的住宿地點也寫在這裡吧。

戶塚　小田原　沼津　江尻　金谷　濱松　赤阪宮（熱田）　桑名　關
石部　伏見　郡山　兵庫　加古川　赤穗

路程大約一百五十五古里（六百二十公里），耗時十六天。

之前領受千石俸祿，受到客卿待遇卻擅自辭任離開的素行，這回作為罪人被發配到此，一般來說就算是受到冷淡的待遇也是理所當然的了。可是淺野家一方對於再次迎來素行的光臨感到十分欣喜，在衣食住行方面都小心翼翼地接待，其態度十分懇切，甚至每天早晚兩次都會由家老大石家向素行送去蔬菜。

獲罪被發配到赤穗這一年，素行四十五歲。從這時起十年間，素行被禁止離開赤穗，而在這十年裡，素行的思想發生了很大的變化，他將關注點放在了「日本」上。素行最初是與羅山一樣學習宋學的，但在寫作《聖教要錄》的時候轉而開始否定宋學，從空洞的理論中解放出來，主張對道德加以實踐，以及對實務進

24 大目付是在德川家光執政時期創設的主管監察諸大名行為的幕府官職。——譯者注

行實習，提出不單要脫離朱子，甚至連孟子都不能作為模範，必須要把學習的內容上溯至孟子以前的時代。也就是說，素行學問的第一階段是宋學，第二階段則是古學。然而無論是哪個階段，其思想都是以中國為中心的，以中國古代的教養為本源之所在，全部都尊崇中國，相信在那裡有大道的本源。這一點在流放赤穗這段時間裡發生了巨大的變化，而這種變化在素行本人留下的《配所殘筆》一書中以很坦率的方式直接地表達了出來，這裡將這部分內容翻譯成現代文抄錄如下：

我從很早開始就喜歡中國的書籍，夜以繼日地誦讀不倦，因此雖然對近些年新船來的書籍不太熟悉，但是我幾乎沒有遺漏地看過到十年前為止傳到日本的書籍。受此影響，我在不知不覺中變得尊崇中國；而日本因為是小國，所以在什麼事情上都比不上中國，聖人也出自中國，所以我想日本是不會出聖人的。這麼想的並不只有我一個人，從古至今的學者們大都這麼想，羨慕中國，模仿中國。直到最近為止，我頭一次開始意識到這種思路是錯誤的。「眼見不如耳聞，捨近求遠」這一點，簡直就是學者們的通病。仔細想想的話，日本才是最受到上天恩賜的國家。第一，天照大神的子孫們自「神代」時代以來君臨天下連綿不絕，亂臣賊子不出，革命之事未見，這就是所謂的「仁」之德性。第二，皇國的上古時代，具有聖德的天皇相繼遵循大道確立制度，因此禮法清明，四民安泰，這就是所謂的「智」之德性。第三，武威興盛，有近伐外國之武功，而無外敵侵佔日本之先例，這就是所謂的「勇」之德性。智、仁、勇三德並有，也就是聖人之道，而如果我們一條一條地比較歷史功績的話，日本反而是要遠遠優越於外國，因此日本才是真正的中國，才真正應該被稱為「中朝」。

這樣的思想，雖然在素行於寬文八年寫下的文章裡面已經可以看到了，不過寬文九年的《中朝事實》是最終完成了這一思想的結晶。寬文九年（一六六九）素行四十八歲，這之後又過了六年，素行得到了來自幕府的赦免通告，時隔十年再次回到江戶，此後又以研究和講學度過了十年，在貞享二年九月二十六日故去，享年六十四歲。

欣賞素行的學問，前來聆聽其講義的人相當多。大名裡面，以松浦肥前守和津輕越中守等人為主要聽眾，不過與素行緣分最深的自不必說還是淺野內匠頭。之前以千石俸祿迎來素行，之後又為遭流放的素行提供優待的內匠頭長直在寬文十二年去世，素行被赦免回到江戶的時候，已經是其孫長矩的時代了。長矩這一年剛剛九歲，等到年滿十八歲的時候，就成為素行的門人，還遞交了師徒的誓約書。素行過世之時，內匠頭長矩十九歲，他的家老大石內藏助良雄二十七歲。

赤穗浪士

素行去世十六年之後，元祿十四年三月，幕府在迎接朝廷派遣的敕使之時，任命淺野內匠頭長矩為接待一職。像這樣的場合，因為儀式繁複，所以需要由擔任式部職的吉良上野介進行指導。吉良屬於舊足利一族，當時雖然僅擁有四千二百石的領地，不過和上杉家有著兩重或三重的聯姻關係，自視甚高，端著高家[25]的架子，覺得理應收到長矩的謝禮。可是淺野做事非常固執，結果既沒送過什麼謝禮，也沒有尊敬吉良並懇求其進行指教的意思，所以在馬上就要迎接敕使的時候，吉良以言行侮辱了淺野。內匠頭忍無可忍，用腰間的小刀以迅猛之勢砍傷了上野介。內匠頭馬上被制止住，並被送往田村家宅邸。將軍綱吉對此親自做出了裁決，命令內匠頭切腹自盡，並向上野介傳達了懇切的慰問。內匠頭在三月十四日黃昏切腹，英年三十五歲。

關於此事的急報傳到了赤穗。第一次報告是早水、萱野兩人在十四日上午十一點的時候，即刀傷事件之後立刻從江戶出發，於十八日晚上十點抵達赤穗。之前素行耗費十六天所走過的一百五十五里路，二人用了五天的時間就趕完了。赤穗陷入了巨大的混亂之中，家老大石內藏助不慌不忙地平息了藩士們的暴怒，為淺野家的復興費盡周章。在認識到幕府的處置十分偏頗，家門振興得不到允許之後，作為最後的計畫，大石策劃潛入吉良宅邸，在對方嚴格的戒備下，於元祿

25　出自足利將軍一族的武士家族，在江戶時代負責公武之間的禮儀事項。——譯者注

十五年十二月十五日夜晚果斷施行了刺殺吉良的復仇行動，並將割下的上野介頭顱供奉在主君的墓前，之後四十六人集體切腹自盡。事件中最關鍵的部分，即攻入吉良宅邸時所採用的戰術，是山鹿一派的軍法，進攻時所擊的鼓點也是山鹿流的擊鼓方式，更重要的是其根本性的精神方面，可以說是深受素行的感化。潛入作戰的時候，內藏助良雄四十四歲，其子主稅十五歲。當時加入作戰隊伍的有時年六十歲的小野寺十內，他俸祿一百五十石，擔任京都留守居一職，在發生這件事之時，尚未告知母親和妻子就回到赤穗，與大石共同進退。在他於元祿十四年四月十日的一封寫給其妻丹子的信中，他的志向得以明確地表達，在此抄錄其中一段：

> 如我等所熟知，當家（淺野家）自創業之初，雖小門小戶亦歷經百年至今，承其恩澤我等得各有所養，怡然度日。如今內匠殿下雖身遭不白之冤，吾亦應報代代主公百年以來之恩。且雖不才如我，日本國中一族亦多，如是之時若彷徨不決，則是一家之傷、一門之恥，臉面全無。故而吾深以為應全吾節，潔身而死。

非是敢忘老母、不思妻子，然則武士之義理，乃舍生之道，望汝明我必欲告訴之意，莫深歎惋。（中略）所餘金銀家財區區，以為贍養（老母），若母存命長久而財物用盡，汝應與母同道餓斃以全吾節。此一節亦萬望知之也。

◎山崎暗齋（上）

山崎暗齋的一生

與山鹿素行幾乎同時出現的學者中有一位叫作山崎暗齋。素行生於元和八年，貞享二年六十四歲故去。暗齋則生於元和四年，逝於天和二年，享年六十五歲。也就是說暗齋比素行年長四歲，那麼按順序上來說似乎本應該先講述這一位。但是提到暗齋其人，與其自身一生的活動相比，他的特色其實在於其思想精神的強大和影響的深遠，他的思想精神通過門人代代傳承，在一二百年的時間裡一直生生不息。因此將他與其門生們合在一起講述更合適，故而選擇將其放在了素行後面。

素行活動的地點在江戶。而與之相對的，暗齋則是京都出生，並在京都開設講義的。素行並不只進行哲學研究，還很看重軍學。這大概是素行希望對在島原之亂中暴露出積弱狀態的武士，依照自己的研究進行鍛鍊的緣故吧。有好幾位大名都試圖以一萬石或兩萬石的俸祿招募素行為己用。淺野家以千石將素行召來，據說也是為了讓其設計修建赤穗城。素行的著述中也包括《武教小學》《武家事紀》等，門生之中有很多大名和旗本，他們都是實力雄厚或者地位很高的人。而與之相反，暗齋這一方則簡直可以說是有些土氣了。暗齋沒有圖元行以《聖教要錄》對幕府的文教方針勇敢地進行激烈挑戰，並因此被發配至赤穗這般戲劇性的經歷，所以總的來說對他感興趣的人也就少了不少。但如果仔細進行觀察的話，暗齋的學問實際上極其深刻，受到他的教育指導而成才的門生們的活動實際上也相當波瀾壯闊。

暗齋於元和四年出生於京都，父親原本是武士，後來改行做了醫生。暗齋在少年時曾登上叡山求學，不過十五六歲的時候轉而進入京都的妙心寺，變成了禪僧。之後暗齋前往土佐，併入居吸江寺，不過在二十五歲之時讀到了朱子學的書籍，由此認識到佛教對於人倫，即君臣、父子、夫婦關係的無視，領悟到其對於道德的否定是錯誤的，於是切斷自己與佛教界的關係，轉而專注於儒學特別是朱子學的研究。

作為自室町時代開始的傳統，佛教與儒教到這一時期為止一直是長期共存的關係。進一步來說，研習儒教的基本上都是佛教的僧侶，幾乎不存在不是僧侶而專注於儒教的儒生，藤原惺窩也好，相國寺的和尚也好，都是如此，就連林羅山也以僧人的形象出仕，被稱作法印道春。因此，即使暗齋繼續作為妙心寺的和尚來研究儒教，誰也不會對此說三道四。然而暗齋則認為，儒教的根本宗旨在於父子、君臣、夫婦、長幼、朋友之間的道德是極為重要的，所謂父子有親，君臣有義，夫婦有別，長幼有序，朋友有信，是為五倫；而佛教則認為要從這些關係中脫離出去，進而五倫之道德便會變得毫無意義、毫無價值，這樣的理論是錯誤的，是摧毀人生的東西。意識到這一點的暗齋，自從確信了這一事實後就離開了寺院，並脫離了原本的僧侶身份。從這件事上我們就可以明白，暗齋對於道理的追求到了何等深入和何等執著的程度，他一定會親自實踐其所琢磨出的道理。

暗齋從十五歲開始的十年間，作為禪僧，稱「絕藏主」。寬永十九年，在暗齋二十五歲的時候，他的思想像前面說到的那樣發生了轉變，於是他在二十九歲那年還俗，改名為山崎嘉右衛門。其後他專心於儒學研究十餘年，到明曆元年春天之時，開辦家塾，開始舉辦講義。所講內容始於《小學》，其次為《近思錄》，再次為《四書》，最後為《周易程傳》，以此為一輪講義，需要兩年時間。這一課程相當受好評，門生不計其數。這之後，暗齋還曾罕見地前往江戶，並難得地受到了保科正之的知遇，前往會津進行講授，不過他始終以京都為自己的活動中心，以在家塾裡教授門人為自己的本職，並最終於天和二年（一六八二）九月十六日在京都二條豬熊家中故去，享年六十五歲。

暗齋學問的特色

除了會津的保科正之，暗齋還得到了笠間的井上河內守和大洲的加藤美作守等人的賞識，不過出仕大名並非其本意，又因為長期在京都指導門生的緣故，暗齋一生的經歷都並不精彩，再加上他的著述缺乏系統整理，雖然有《文會筆錄》和《垂加文集》得見於世，但是從本質上理解其學問的體系是非常困難的事情。另外，暗齋的學問隨著時間的推移而愈加深奧，即使是優秀的門生，也往往逐漸追趕不上，因此在這裡僅舉幾個方面來思考其學問的特色，然後再通過觀察那些正確地傳播了他的學問的門生們的著作和事蹟來加以認識吧。

第一，僅就結論觀之，暗齋的學問容易被誤解為是十分獨斷的，但實際上在得出結論之前，暗齋已經通過廣泛的觀察和精細的調研，積累了十分充足的研究成果。最清晰地反映這一情況的是其門生游佐木齋的自傳。木齋是仙台人，在二十一歲的春天首次探訪暗齋的學塾。兩三天後，關於《論語》中《泰伯》一章的內容，木齋問道：「關於這一章有很多的說法，那麼哪一個是正確的呢？」

暗齋反問：「這是非常重要的地方啊，相關的集注都背下來了麼？」

「多少還是記得一點的，不過還不全面。」木齋這樣回答。

「如果看過《大全》的話，有誰反對朱子的解釋，有誰贊成，這些都一條一條記下來了麼？」暗齋問道。

「不，沒記住。」

「《通鑑》前編裡面有胡三省的論述，這個記得麼？」

「不記得。」

「《讀書錄》裡記載了好幾種說法，這個記得麼？」

「不記得。」

「那這話不就沒辦法說了嗎？如果真的對這一條有疑問的話，就把剛才提到的書籍都好好調查一番，一條一條地進行分析，然後明確問題究竟是在哪裡，然後再帶著問題來問我吧。」

木齋惶恐地退了出來，廣泛地調查了各種書籍，將同意朱子的學說整理為一冊，反對朱子的學說整理為一冊，並反覆閱讀直至記了下來，在這之後拜訪老師並提出疑問的時候，老師這樣說道：「很好很好，這樣才能變成學問啊。因為這一處極其重要，所以沒法輕描淡寫地進行說明，我去年的時候出版了一冊書《拘幽操》，找來這本書研究一下吧。」

於是木齋找到《拘幽操》加以熟讀，然後第二天再次拜訪老師，陳述了自己的想法。

「這樣啊，我了解了。」

暗齋這樣說後又進行了認真的講解。木齋最初師從於其他的學者，原本是抱著「畢竟他是很有名的人，那麼就去見一面好了」這樣半開玩笑的心情去探訪暗齋的，不過在此之後則是心無旁騖、一心一意地進入暗齋門下求教。木齋在自己的自傳中寫下了上述故事。通過這個故事，我們大概可以了解暗齋在推導出結論之前，究竟對多麼廣泛的各種學說進行過探討，又對這些內容進行過何等嚴格的分析和批判了吧。

第二，雖說暗齋是一位儒者，特別在朱子學上造詣精深，不過他到晚年的時候則開始傾向於神道的研究，據說門人之中不斷有人因為抵觸這一變化而離開的。不過在暗齋開設家塾進行講義的明曆元年（時年三十八歲），他就寫成了《伊勢大神宮儀式序》，根據《日本書紀》來追憶神代時代，舉出《天壤無窮》神敕，並說「此乃王道之元（はじめ）」，從他引用了被稱作「垂加神道」的神道思想中作為其本源的語言內容這一點來看，可以明確得知暗齋是在他對佛教進行批判的一開始，就直接進入了神道思想。而在明曆三年，暗齋在決定要創作題為《倭鑑》的日本史著作之時，特地去參拜了供奉著為編纂《日本書紀》立下大功的舍人親王牌位的藤森神社，並進行了祈禱，隨後又前往伊勢大神宮進行參拜。在那之後，暗齋會時不時前往伊勢進行參拜，萬治元年、二年，寬文三年、八年、九年都進行了參拜。既然宣導重視人倫，那麼相對於父母，自然要回溯至更遙遠的祖先，相對於皇室也自然會想起更遠古的神代時期，由此而言，他前往伊勢大神宮進行參拜一事也就變得理所應當了。

第三，就這樣由考察日本的歷史、思考國體問題出發，暗齋就算是在儒學本身之中，也在批判各種學說上花費了很多工夫。其中最為重要的一點在於是否承認「革命」這一問題。中國之不幸，在於革命時常興起，國家幾番出現又滅亡，建立又崩潰。中國的產生遠在四千年以前，擁有值得驕傲的古代文明，然而作為國家而言則無論哪一個都是短命的。夏曆十七世，滿四百年而亡；殷曆三十世，延六百餘年而亡；週三十七世，經八百七十七年崩潰；秦僅持續三世十五年，西漢十三世二百零七年，東漢十三世一百九十六年，之後經歷三國兩晉南北朝；唐則二十帝二百九十年，經五代；宋則十八帝三百二十年，元雖強大然僅一百六十二年，明二百九十四年，清二百九十六年。有力之人則以武力顛覆國家，這無論是於五倫還是於道德都是不應之事。而出於這些原因，在中國即使是非常優秀的學者，在面對革命的問題上也很容易提出站在勝利的一方並為其辯護的學說。其中表現出堅守絕對的忠義，持全面反對革命思想的是韓退之的《拘幽操》。山崎暗齋正是發現了這首詩，對其十分推崇，並不僅將其視為一篇短篇詩歌，更將其印刷出版而成書一冊。剛才提到的遊佐木齋也是，求得此書後認真閱讀，由此學問才日臻極致。

與《拘幽操》的思想精神相同，暗齋在自己寫就的論述中國歷代革命的《湯武革命論》中有這樣的論述：漢高祖本為秦民，唐高祖曾是隋臣，因此他們奪取天下也就是臣下對君主的反逆，而宋朝也好明朝也好都是一樣的；上溯至殷商也好周朝也好，作為開國明君而被加以歌頌的人，實際上都是在踐踏道義；真正遵循道義的，唯有東漢光武帝一人而已。這是對孟子的批判，更是對孔子和朱子論述中不足的地方加以的補充，或者說對其進行徹底的討論。至此能夠完成對其進行徹底討論的原因，雖然其中一點可能是因為暗齋的儒學並不滿足於炫耀學識的廣博，而是保持著認真細緻地探究道理的嚴肅態度，不過在此之上更為重要的原因則在於暗齋對日本史的思考，尤其是他時常拜伏於伊勢大神宮的神前，敬仰「天壤無窮」的神敕，被日本國體的尊嚴所深深打動，這是毫無疑問的。也就是說暗齋能夠徹底地闡述「革命否定論」，自然也有暗齋本人的卓越之處，然而將暗齋指引到這一地步的其實恰恰就是日本的歷史。

因此暗齋的學問重視人倫，而如此看重人倫之自然歸結，就是否定「革命」，以及讚頌從未發生過「革命」的日本歷史和日本國體。這與山鹿素行在其《中朝事實》中所言「夫外朝易姓殆三十姓，夷狄入王者數世，春秋二百四十餘年，臣子弒其國君者二十又五，況其先後之亂臣賊子不可枚舉也」的，著眼點是完全一致的。現在看起來這不過是將平凡的事情進行顯而易見的論述，然而實際上並非如此，山鹿素行論述的內容也好，山崎暗齋的學說也罷，對於當時的學界而言，都是驚世駭俗的新學說，是破天荒的主張。不管怎麼說，儒學原本都是中國的學問，因此儒學者凡事都是以中國式的方式進行思考，毫無批判地尊崇孔子和孟子的學說。有這樣一則逸聞，某時，暗齋向弟子們詢問：「現在如果中國派孔子和孟子為大將來進攻日本的話，你們該怎麼辦？」

弟子們全都非常苦惱，沒有人回答。

於是暗齋說：「那時自然是要與孔孟對戰，或是斬殺，或是生擒。這才是孔子之教誨。」

暗齋教導至此，弟子們同時如目初開。如果毫無批判地閱讀外國的書籍，就會像這些弟子們一樣逐漸喪失自主性，而失去了這種自主性的不僅僅是這些弟子們，無論是藤原惺窩還是林羅山都是一樣的。羅山認為沒有出生在中國而是出生在日本一事是很遺憾的，所以希望至少像阿倍仲麻呂一樣渡海去中國，可是「腳下風波千萬里」，最終難以達成渡海一事，並因此十分悲傷。由此可見，暗齋和素行破天荒地具有自主性地完成了嘆服日本的歷史、讚美日本國體的學問。

◎山崎暗齋（下）

《靖獻遺言》

如果想要學習山鹿素行的話，讀一讀《武教小學》和《中朝事實》就好了；可是要了解山崎暗齋，卻沒有能夠一目了然的推薦著述。不過萬幸的是，暗齋留下了為數眾多的優秀門生。這些門生們好好地繼承了老師的學說，雖然人走人來，時間流變，同樣的精神卻一以貫之。十人也好，百人也罷，無論是問誰，得到的答案都是相同的，這可以說是暗齋門下的一大特徵。暗齋本人也將門生的教育作為自己一生努力的目標。有評價稱「若言其志，則非入仕藩國，亦非屈從王侯，僅為誘引後學，欲將其學傳於將來而已」，這一點是很清晰的。

理解暗齋的學問，並忠實地將其學說傳承下去的其中一位叫作遊佐木齋。這位木齋曾與室鳩巢進行過論戰。鳩巢乃是惺窩門生松永尺五之門生木下順庵的門生，受新井白石的舉薦在六代將軍家宣時期為幕府工作，特別是因為他受到了八代將軍吉宗的信任，可以說是當時學界主流中的一位人物。木齋的思想與鳩巢大相徑庭。鳩巢的思想是，道乃世界唯一僅有之物，萬國共通之物，即儒教，在此之外，諸如日本之道或者神道等本不應該存在。雖然木齋重視日本的國體，視其為與天壤一樣無窮之物，然而恐怕這世間並沒有永恆不滅之物，國有興則必有亡，人有生則必有死，由中國的歷史觀之，這一點本是很明白的事情。鳩巢說，自己還是很克制地表達自己的想法的，而京都的藤井懶齋也與自己抱有同樣的想法，並為了將其快速實現，而希望勸說幕府接受這些思想。

木齋在對此進行回答的時候，表現得非常溫和：「君臣之間的道德無論在哪裡都不應該有變化，君為君，臣為臣，君不可為臣，臣不可為君。天照大神在將天孫瓊瓊杵尊降臨世間之時，賜予神敕『寶祚之隆，當與天壤無窮者矣』，這是祝福的話語，更是通過神德與正教得以實現的祝福。因此，我們明明應該對外國遭到革命污染的歷史感到羞恥，並對於吾國擁戴萬世一系天皇之事感到自豪，然而鳩巢等人以中國為標準來思考問題，將革命當作理所當然，討論日本也會迎來這樣革命的機會，這是相當錯誤的。本人曾於去年從某個羽黑氏那裡聽聞這樣不吉之言，當時只是將其當作愚蠢之言處理，並未特別重視，然而如今聽聞鳩巢與懶齋的學說，深感邪說之毒害或許會在皇國之前途上留下陰影，忍不住感到憂慮。如果這一不幸之事當真發生，我等只得捨身衛道以殉國家，不過我希望鳩巢可以認真反省，並向懶齋發出忠告。」木齋在回答鳩巢的時候，大體上敘述了上述宗旨。

還有一位比木齋年長六歲，較其早兩三年進入暗齋學塾的名淺見絅齋。此人乃是暗齋門下名氣最大的一位。他一度無法完全理解老師的學說，為張揚自我而脫離暗齋而去；然而隨著研究的進一步深入，他認識到自開天闢地以來，揭示了至正之道的日本學者「無出山崎嘉右衛門先生其右者」，遂再次回歸暗齋門下。淺見絅齋著有名為《靖獻遺言》一書，這本書不僅是絅齋的主要著作，可能也是暗齋一門的代表性著述了吧。此書將中國歷史中的忠烈人物在國家遭遇不幸之際，不惜以生命捍衛道義，砥礪靈魂以敘述至誠之意的話語進行收集整理，通過對其熟讀並透徹思考，從而砥礪自身的靈魂。所收八篇，取自對屈原、諸葛孔明、陶淵明、顏真卿、文天祥、謝枋得、劉因和方孝孺諸位人物人生最後的言論。絅齋於元祿元年在家塾中對此進行了講習，闡述了為何要創作這一作品、這一著作的主旨又是什麼。他明確闡述了該書的主旨，即如果平時沒有非常嚴格地講究君臣之間的道義，一旦面臨緊要的關頭就很容易出現錯誤。此書乃是要以大義磨礪人心的作品，人們讀後會明白學問是多麼重要的東西，脫離學問則寸步難行，所有的行為也都不過是妄動而已。

像這些忠義之人，遭遇國難而態度不改，遭受屠戮而堅守正道，這才正是應該讚賞的行為，沒有任何應該被指責的地方。而如此說來，這本《靖獻遺言》乃是一本應該被廣泛地推薦給全天下的作品，反對這本書的理由也應該是不存在的。然而，寶曆九年（一七五九）竹內式部卻因為將此書講解給公卿眾人一事被問罪，結果父子二人均遭到流放。式部生於新潟，上京出仕於德大寺大納言，其學德受到重視，公卿中多人成為他的門生。他講解的內容是暗齋的學問，特別是誦讀《日本書紀》和《靖獻遺言》，對公卿們進行鼓舞。日本之中明明沒有比天子陛下更加尊貴的存在，然而世間只知道將軍的尊貴，而不知道天子的尊貴，這被認為是公卿們學問不足所造成的，於是公卿們奮起精研學問，特別是德大寺大納言、坊城中納言等人不僅自己學習，還向當時年紀尚幼的桃園天皇上言進講。最終這成了問題，寶曆八年，正親町三條、德大寺、烏丸、坊城等足足二十名公卿受到處分，次年竹內式部被以武藏、山城為主的日本國幾乎一半以上的地區驅逐，其個人財產被沒收。式部時年四十八歲，其子主計十五歲。八年後式部又被抓獲並流放至八丈島並死在那裡。對式部所問之罪在於，說到學問則四書五經足矣，講述《靖獻遺言》之類激進的作品是不可饒恕的事情。由此可知，當時幕府的方針，以及天下主流學派的學問，與《靖獻遺言》所追求的東西是不相容的。這一點從之後的內容可以看得更加清楚明白。

望楠軒

山崎暗齋也尊崇楠木正成。淺見絅齋也在《靖獻遺言》的講義中褒揚過正成。不過要說起尊信楠公，誰也不及絅齋的門人若林強齋，他甚至將自己的家塾命名為望楠軒，意為以楠公為目標探究學問。享保元年時有門人向強齋提問，如果到了弱肉強食的戰國騷亂之時，有志大名該如何是從，以及吾等是否應該馳援京都，捍衛皇室。強齋對此回答道，日本既已確立君臣之義，上下之分，那麼為了拱衛皇室，無論身在何處都應該發兵勤王以討伐叛逆，成功也好，失敗也罷，有恩賞也好，沒有也罷，全都不予考慮，雖然實際的做法需要隨機應變，現在也沒法具體言說，但須以忠誠貫徹始終。

強齋在其門人廣木忠信去世之時，曾作祭文一篇。看過這篇祭文，就可以好好地了解望楠軒的生活。夏天不用搧風，冬天不近火缽，還有根據日期絕食之事，以期在困苦的生活中也不會有一點點內心的屈從，並以這樣的心態求學。落雪的清晨、滿月的夜晚，師徒一起飲茶溫酒，議經論義，悲今慕古，慷慨相責，生死相托，是為如此。其酒也並非常有，時不時會讓門人們少少地買一點回來，其他的門生都羞愧於只買這麼一點點酒，故而會以袖掩面去買，但廣木則心平氣和地提著很少的酒，把大脅指刀往腰裡一塞，搖頭晃腦地歸來。強齋因為清貧，在用紙上很拮据，感染風寒之際為了擤鼻涕很煩惱，這時廣木會送紙來。問他是買的麼，廣木回答說不是，是自己本來所有之物，請盡情使用；而到天氣好的時候再看，廣木把強齋擤鼻涕扔掉的紙收集起來，用竹子夾起來曬乾，把新紙送給老師用，廣木自己則用老師扔掉後曬乾的紙。望楠軒中的生活貧寒，他們卻絲毫不屈服於這種貧寒，師徒一起享受學習，相互激勵，而且其學問還是以守護日本的國體為著眼點的，由此可知此乃生死攸關之學。

廣木忠信於享保十五年八月病死，若林強齋也於兩年後的享保十七年正月故去，然而望楠軒的講義則由小野鶴仙、西佐成齋等人繼承，最終在梅田雲濱一代迎來了幕末的風雲。

谷秦山

暗齋門下眾多優秀的人物之中，不能被遺忘的一位叫作谷秦山。秦山生於土佐，延寶七年十七歲上京，先是遇到淺見絅齋，之後接受暗齋的教導滿半年，短暫回歸故里之後再次上京，又接受了剛好半年的教導。也就是秦山從十七歲到十九歲的三年時間裡，真正有一年左右的時間是接受了暗齋的教導的，在他再次回土佐的時候，於次年得知暗齋亡故的消息，馬上趕往京都進行祭奠。在暗齋的數百位門生中，秦山是最年輕的一位，排在最末位。然而他的純真和熱誠，以及他的勤勉學習，使這位最後輩的谷秦山，成為最正確地理解暗齋的學術思想並加以繼承的人。作為暗齋門下而在世間受到追捧的人也有佐藤直方和三宅尚齋，然而暗齋門下最為正統的傳人還得說是谷秦山。之前說到瞭望楠軒清貧苦學的狀態，秦山的生活就與之相同。其家族由於原本是因關原合戰而滅亡的長曾我部氏的家臣，在山內藩中被授予了鄉士的待遇，不過實際上則不得不依靠努力農耕才能維持生活。元祿元年其父去世之時，家裡因為貧困而沒辦法舉行葬禮。之後秦山在參拜先祖墓地的時候，還是拜託朋友才借來一件木棉的夾襖。秦山面對如此貧困也沒有屈服，還是對學問全情投入，不過他治學的態度與世間之人沉醉於博識的喜悅不同，而是執著於學問的核心，辨識正邪，非常之嚴肅。有一位接受暗齋門人桑名松雪教導的學者名曰栗山潛鋒，乃才氣突出之人，十八歲時作《保建大記》。保是年號保元，建是年號建久，日本之衰退起於保元大亂，至建久年間完全墮落於霸道之手，這是一本探討衰退的原因、對事情進行分析、評判功罪的作品。這之後，潛鋒受德川光圀招徠前往水戶，從事《大日本史》的編修工作，卻於寶永三年以三十六歲亡故。在其去世之後，谷秦山應門人之請作《保建大記》的講義，其開講詞非常精彩，這裡擷取其中要領簡要敘述如下：

各位都是日本人，若欲探究道理，當然應以日本之神道為主。在此之上如有餘力，則進而閱讀外國書籍，以之為日本之道之輔佐為宜，如能做到如此，則再無超越之學問也。而這也正是《日本書紀》總監修舍人親王之本意，雖然惶恐，我等內心之志向也是以此為標的。然則如今神道研究較外國學問黯淡，儒學者宣揚外國，卻以日本之道乃邪道而加諸非難，並無統一內外學問之力量。本人憂心於此，欲行事以一新學界之風氣，然山崎先生故去年久，淺見絅齋雖於晚年有志神道，惜未幾病故，如今再無可為我等後盾且得以相依託之前輩。世間雖有知名學者，卻多埋頭於外國學問，不親近日本學問，或者熱衷於寫作華麗的詩文，皆乃不足取之徒。餘平生以此為遺憾，直至未曾料想《保建大記》之出世。此乃無比珍貴，古今罕見之作品。此書才真可謂以神道為根本主幹，以儒學為其羽翼。故而本人對其特別信奉。日本之學者本應以此學為真學問也。

這是一篇不僅可以考量秦山的風格與見識，同時也可以了解暗齋門下主流學風的重要議論文章。秦山在與三宅尚齋的論戰中，將這一思想進行了更為簡單明瞭的闡述：「日本之人應以天照大神為本，唐之人應以孔子為本，此乃道理之極致也；汝等亦為日本人，卻棄天照大神，而以孔子為本，謬甚矣。」

前面已經說到秦山家境貧寒一事，不過他所遭受的苦難並沒有止步於貧困，寶永四年秦山被藩當局判處禁錮之刑。雖然說是禁錮，實際上就是在自己家中謹慎活動，然而秦山自四十五歲時被限制自由，到五十六歲去世為止的十二年時間裡不被允許外出，卻一點也沒有對此有所怨恨的樣子，白天讀書寫作，入夜則仰望星空癡迷於天文學的研究。秦山曾向涉川春梅學習天文學。春梅既是暗齋的門人，也是天文學方面非常傑出的學者，可以說是開創日本天文學研究的人。

秦山住在土佐，特別是晚年因為被禁止外出旅行，因此他的學問並沒有立即影響到天下；然而儘管他一生不幸，卻受惠於其優秀的子孫，他的學問得以長久地在其家中代代相傳。在秦山死後一百數十年後，其家族中出現了一位繼承這些教誨的人，名作谷干城。

谷干城在明治十年西南戰役中，作為熊本鎮台司令長官，阻擋住薩摩軍的前進，率寡兵死守孤城之功勳大概無人不知。此人少年時代受教於其父祖之事，如下所述：

萬一國家發生大動亂，要不惜各種途徑趕赴京都，盡力保衛天子陛下，沒有旅費的話就沿途乞討，保護御所的時候精疲力竭之時，就靠在御所的外牆上死去，即使是死去也要保衛御所。

這就是秦山在他的家中留下的教誨。

接受谷秦山教誨的眾人之中，有一位叫作宮地介直，介直之子名曰春樹。寶曆十二年（一七六二）桃園天皇駕崩之時，幕府發出命令停止演奏和欣賞音樂五天。德川幕府的性格實際上可以從這一點上看清楚。基本上在將軍病故的場合，如四代家綱、五代綱吉、八代吉宗等去世時都是停止五十天，三代家光去世時則是七十天，之後到十一代家齊去世的時候則發出了長達百日的禁止令。所謂「御三家」，就是尾張、紀伊、水戶三家。御三家當主病故之時，禁止演奏和欣賞音樂七天。其次是老中病故之時，停止演奏和欣賞音樂三天。以這樣的慣例觀之，天皇駕崩之時，卻只有三天或者五天。也就是說，幕府雖然表面上重視朝廷，尊重皇室，實際上卻只為天皇提供與老中相同的待遇，淡然地進行處置，誰也沒有對此感到奇怪。暗齋的門派則自然地對這一點進行了批判。結果，在桃園天皇駕崩之後，幕府一發出五天的音樂停止令，宮地春樹便十分憤慨，向土佐藩的大目付提出了意見書，痛陳由於將軍的威勢愈發強盛，天子的威光日漸微弱，不知不覺間，人們就會把將軍當作君主，認為天子不過是現世神而已，社會上將形成這樣極端低劣的風氣；現在當然無法違背幕府的命令，可是土佐藩內以及每個家族內部，都應該對此特別重視；另外，還有指派身份很低的武士作為藩主的代表參拜伊勢神宮的事情，像這樣「不經深思熟慮」的態度是不謹慎的等等。

暗齋的門徒們大多是身份低微，在世俗上毫無力量的人。然而，其學問卻是探究日本的本質，並內藏著轉而批判現實、開拓未來的力量。

◎本居宣長

契沖與假名應用

在江戶時代，日本文學和日語學再次興盛起來。在這方面做出貢獻的為數眾多之人中，首先讓我們從北村季吟開始說起吧。季吟是近江人，寬永元年（一六二四）出生，比山崎暗齋晚六年，比山鹿素行晚兩年。這個人的一生都貢獻給了日本文學古代經典的注釋工作。有名的作品包括《源氏物語湖月抄》《枕草子春曙抄》《徒然草文段抄》等，除此之外他還完成了《大和物語》《和漢朗誦集》《土佐日記》《伊勢物語》《百人一首》《八代集》等書的注釋工作，他為開拓古代經典講讀的道路所做出的貢獻是十分巨大的。為了進行這些研究和著述，他的生活很艱苦，不過在六十六歲的時候得到了幕府的照顧，得以幸福地度過晚年，於寶永二年以八十二歲謝世。

圓珠庵的阿闍梨契沖，晚於季吟生於寬永十七年，早於季吟在元祿十四年以六十二歲去世。契沖本姓下川，原來是侍從於加藤清正、領有一萬石的名家，不過在加藤家滅亡之後，據說契沖的父親出仕於尼崎城主青山氏，得俸二百五十石。契沖雖然出生於有身份的武家，卻自幼進入真言宗的寺院作為僧侶修行，甚至一度煩悶到想要自殺的地步；不過他跋涉於深山幽谷之間以鍛鍊身心，後來閉關於久井，沉湎於佛典與漢籍的研究；三十九歲的時候，出任大阪今里妙法寺的住持，受水戶家委託注釋《萬葉集》，晚年住在大阪高津的圓珠庵整理著述，最後在元祿十四年以六十二歲故去。

契沖的著述中具有代表性的作品是《萬葉代匠記》，此書是受水戶的德川光圀委託對《萬葉集》進行的注釋，是非常重要的著作。值得一提的是，契沖為了注釋《萬葉集》而在考察《古事記》《日本書紀》《延喜式》《古今集》等古籍的時候，有了不得了的發現。契沖意識到在古時候假名用法的規則已然確立，「い」和「ゐ」，「え」和「ゑ」，「お」和「を」之間存在著不允許被混用的區別，而這才是日語正確的形態。日語明明是非常美麗的樣子，但是自從中世以來世間混亂，以至於日語與學問同時衰微，規則被遺忘，用法趨於混雜。必須將這一規則重新找回，恢復日語美麗正確的樣子，為此契沖寫作了《和字正濫鈔》。這是元祿六年的事情，自《古今集》成書的延喜五年起，大概八百年。整理出了在這足足八百年的時間裡被世間大亂所擾亂的日語的原本形態的契沖，就這一點上來說，不得不說是日本文化的大恩人。

也有人針對契沖的這一說法，特地寫下八卷本著作[26]進行反駁，主張古代的假名用法確定的說法缺乏事實根據，其並不存在什麼法則。看到這些之後，契沖非常憤慨，立即執筆寫就五卷本著作[27]，將其痛批駁斥了回去。古代經典的正確形態、日語的美麗姿態，實際上是通過契沖才得以發現並被教習傳播的。所謂歷史性的假名用法，以此為原點開始發展。

說到發展的話，契沖的研究還不能說是足夠的，需要等待後來學者的補正。特別是重要的內容，即五十音圖在數百年的亂世中，「お」與「を」的位置都是錯的，即便是契沖也將其位置認定為：

あいうえを
わゐうゑお

而將其中的「お」與「を」位置調換，恢復為以下正確排序的，就是本居宣長。

あいうえお
わゐうゑを

宣長作《字音假名用格》一書，將這一點明確下來，這是安永四年（一七七五）的事情。自此往後又過了六七十年，到天保十三年（一八四二），

26 即橘成員所著《倭字古今通例全書》。——譯者注

27 即《和字正濫通妨抄》。——譯者注

若狹的一位叫義門的人作《男信》一書，針對到當時為止「ん」和「む」之間沒有區別這一點，通過對古代經典的精細調查，公佈了「む」的尾音是m，屬於ま行，「ん」的尾音是n，應轉為な行這一非常精彩的發現。隨隨便便地使用日語，破壞其正確的形式，打破其魅力的姿態，這是不行的。我們的先祖在遙遠的過去，創造出了規則非常正確、十分優美的語言。而它在中世變得雜亂無章，契沖出現，宣長出現，之後義門出現，發現了原本的法則，最終恢復了它原本的形態。

日本國學的發展

比契沖正好晚三十年，荷田東丸出生於伏見稻荷神社的神職家族。寬文九年出生，元文元年（一七三六）去世，他六十八歲的一生都花在了振興日本國學這一大目標之上了。到當時為止，研究日本古代經典的人雖然逐漸出現，不過大多秉持著從儒學或佛教抽出一部分精力來學習日本國學的態度，直到東丸這裡，才首次脫離了儒學和佛教，並與上述二者相對立，為了將日本國學這一學問獨立為一個新的學術領域而投入極大的熱情。東丸曾詠唱和歌一首：

ふみわけよ　大和にはあらぬ　唐鳥の
跡を見るのみ　人の道かは
（遍踏大和尋無路，唯見唐鳥不見人。）

更清楚地反映他的見識與追求的，是他向幕府提出的申請創立國學校的意見書。這篇文章用非常漂亮的漢文寫成，由此可知東丸漢學教養之深。在文中，東丸哀歎神皇之教衰微，國家之學荒廢，淪為從屬於儒學和佛教之形骸，通過復興六國史、三代格、萬葉集和古今集之學問而促進皇國之道的興盛勢在必行，為此希望在京都伏見或者其郊外建皇國學校以培養學者，遂向幕府申請援助。雖然這一計畫很不幸並未被允許實行，不過東丸的見識和抱負本身實際上促成了國學的獨立和後輩的奮起。在中請書裡面有這樣一段話：

古語不通則古義不明焉，古義不明則古學不復焉。先王之風拂跡，前賢之意近荒。一由不講語學。

這對於一直試圖探究日語本意的人們來說，實在是巨大的激勵。

東丸所設想的國學校雖然沒能實現，不過東丸還是培養出了了不起的弟子，那就是賀茂真淵。真淵於元祿十年生於濱松郊外，三十七歲的時候來到京都並成為東丸的門生，接受其教導四年，在四十二歲的時候前往江戶，在進行研究的同時，也教授門生。他的人生可以說都奉獻給了《萬葉集》的研究，其著述有《萬葉考》《冠辭考》《國意考》《歌意考》等。真淵住在日本橋的濱町，因其家宅名「縣居」（あがたい），因此也被稱作「縣居之翁」，不過他的精神和生活方式全都如同古人一般，被認為心中連一點後世的東西都沒有留下。真淵在江戶生活了三十餘年，在明和六年（一七六九）十月以七十三歲故去。

真淵的門人中，有加藤千蔭、村田春海、楫取魚彥、內山真龍等相當多優秀的人才，不過其中最為傑出的人物還是本居宣長。宣長是在寶曆十三年的時候，拜訪了偶然前往伊勢旅行、留宿在松阪宿屋的真淵，並接受了其一夜的教導。當時真淵六十七歲，宣長三十四歲。雖然兩人直接面對面地言語相交的經歷，只有這一夜而已，不過這對於宣長來說，卻是其七十二年的人生中最為重要的一個夜晚。宣長在感動於與真淵這樣的學術巨擘相接觸的同時，也受到其碩學之啟發，立下了專心研究《古事記》這一當時最為難讀難解之古代經典的決心。於是宣長正式成為真淵的門人，並於其後通過書信接受教導；後來宣長著手寫作《古事記傳》，耗費三十餘年的心血，最終完成了《古事記傳》四十四卷（合算附錄及目錄共四十八卷）。由荷田東丸發起的日本國學，經賀茂真淵到本居宣長這裡，完成了令人矚目的發展，暫且可以說是大成了。宣長除了《古事記傳》之外，還留下了《源氏物語玉小櫛》《初山踏》《玉勝間》等為數眾多的著述，於享和元年（一八〇一）九月以七十二歲逝世。他自畫肖像畫，並自書贊詞一事相當有名，贊曰：

敷島の　やまと心を　人間はば

朝日に匂ふ　山ざくら花

（人生敷島大和心，朝日薰染山櫻花。）

宣長門人眾多，遍佈全國，通過弟子們日本國學得以擴展至四方，其中他去世之後才成為其門人的平田篤胤（天保十四年即一八四三年去世，六十八歲）和伴信友（弘化三年即一八四六年去世）是最為優秀的學者。世人所稱的國學四大人，就是指東丸、真淵、宣長以及篤胤。東丸曾拜託幕府創建國學專門學校，真淵在江戶出仕於德川一門的田安宗武，宣長也是性格溫和之人，他們都沒有考慮過對幕府提出尖銳的批判，但是從《源氏物語》《古今集》《萬葉集》到《古事記》，一旦古代經典的研究得以推進，追尋日本的古典精神，明確上古之道的話，對於有心之人來說，由此一轉而批判現實就是再自然不過的事情了。

◎水戶光圀

《伯夷傳》

山崎暗齋經歷了從印度到中國，從中國到日本的思想上的大轉變，很早地樹立了日本學的標識，不獻媚於幕府，不出仕於諸侯，一門心思放在教導後學上，其結果是經過了一兩百年的漫長時光，終於鍛造出了為數眾多的俊秀之才。而說到其不足之處的話，首先應該說是日語知識的欠缺。補充這一不足的，就是日本國學了。對於日語的研究，契沖首先有了令人驚歎的發現，而在荷田東丸以「古語不通則古義不明焉，古義不明則古學不復焉」一語道破以來，賀茂真淵、本居宣長之雄偉業績和其弟子們的活躍更是顯著地開拓了日語、日文，甚至進一步到日本國學的研究領域。不過這些方面的學者們急切地言說古來之道，對現實的批判則非常不足。不過還存在一種將上述兩種路徑同時吸收，並且樹立起另外一種學風的地方，而這並非別處，就是水戶。

水戶藩初代藩主德川賴房，是家康的第十一子。賴房之子光圀，六歲之時依照將軍家光的命令取代其兄長成為水戶家的繼承人。他九歲元服，可是從十二三歲起就脫離正軌，放棄學問，開始肆意遊樂，態度不端，完全變成了墮落青年，屬於令人擔心的類型。然而在正保二年（一六四五）光圀讀到《史記》的《伯夷傳》，感到非常吃驚。若問到為何吃驚，因為伯夷和叔齊是孤竹地方的大名之子，伯夷為長子，叔齊是三子，而父親偏愛三子打算讓他作為繼承人，而父親死後，叔齊則提出兄長伯夷才應該是繼承人於是要擁立伯夷，伯夷則堅持父親的意志是要將繼承人讓給三子，所以要擁立叔齊，於是伯夷離家出走，叔齊也離家出走，結果毫無辦法，於是國中之人擁立了次子為繼承人。之後伯夷、叔齊仰慕周之西伯德行之高而前往投奔的時候，正好趕上西伯去世，其子武王興兵討伐紂王，二人進諫道：「父死不葬，爰及干戈，可謂孝乎？以臣弒君，可謂仁乎？」可是武王未採納其諫言而討伐殷商，奪取了政權。因此伯夷、叔齊以依賴周政權為恥，隱居西山，采薇為生，最終餓死。光圀所吃驚的就是伯夷、叔齊二人的言行。

《伯夷傳》的內容分為前後兩段，第一段是講家族繼承問題，第二段則是講君臣大義，乃嚴格反對革命的學說。首先打動光圀的大概是第一段內容吧，原因在於，光圀就是越過他的兄長賴重繼承水戶家的，儘管這是違反兄弟之間道德規範的，不過光圀到這時為止一直都沒有意識到，而是隨隨便便地處理了這件事。而看到了伯夷、叔齊對待此事的態度，光圀感到自己對兄長做出了無法原諒的事情而深感羞愧。於是光圀很快下定決心，後來把兄長的兒子收為養子，並在自己六十三歲隱居的時候把家督之位讓與了兄長之子綱條。從自己的境遇出發，光圀想必為之所動，而在對此感到驚訝而繼續閱讀《伯夷傳》時，他應該馬上就接觸到了第二段更為深刻的部分。也就是說君臣之間的道德是絕對的，即使君主做出了很多不德之事，身為臣屬而征討主君，進而奪取政權這樣的事是不被允許的；與其在犯下這樣反逆革命行為之人手底下生活，不如餓死要好得多，而這種事在過去曾經發生過，也就是伯夷、叔齊的故事。感動於第一段內容的光圀，是不會不被第二段所感動的。結果光圀自己也在晚年的時候移居西山，自稱「西山隱士」。

光圀讀到《史記》而受到感動，是在他十八歲的時候。以這種感動為基礎，將兄長的兒子收為養子，是在他三十四歲的時候。將藩主的地位讓給養子後隱退，是在他六十三歲的時候。光圀仰慕伯夷、叔齊的故事而進入太田的西山，住在西山莊之時六十四歲，在西山莊故去則是在七十三歲那年的年底。由此可以清楚地看出，十八歲時青年的感動，持續了五十五年漫長的歲月，他的一生都由這種感動所決定。對青年純情之時重要的感動記憶猶新，大概是很多人都有的經歷吧。可是對大多數人來說，這種感動只會持續一時，終將漸漸消失。而對於光圀來說，這種感動一生都沒有泯滅，這種感動決定了他的一生。

彰考館

不，還並不只是如此。光圀感動於《史記》的《伯夷傳》的同時，又想到自己能夠這樣了解到如此偉大人物的精神和行為，全都是《史記》的功勞，如果司馬遷沒有寫下《史記》的話，自己可能就沒辦法知道伯夷、叔齊的言行了，所以書寫並保存下正確的歷史，對於後世而言是很必要的，因此光圀立下了編纂大日本史的想法。而歷史編修這樣的事，與家督繼承和國體問題不同，沒有必要保密，所以光圀從十八歲的時候就立即開始進行準備，收集古書文獻，在十二年後的明曆三年（一六五七）於藩邸中開設修史局。就在這一年的正月，江戶發生大火，江戶城的本丸燒毀，損失非常慘重，林羅山甚至因為書庫燒毀而驚愕異常以至於溘然長逝，可以想見古書的搜集和史實的調查變成了當務之急。此修史局在十五年後定名為彰考館，彰往考來，即探明過去的歷史，以此思考將來應行之前途。很多優秀的學者彙集於此，人見卜幽、佐佐宗淳、丸山可澄、鵜飼鍊齋、力石忠一、安積澹泊、安藤年山、栗山潛鋒、三宅觀瀾等人，都是光圀在世之時所錄用的人才，其中既有林羅山流派出身的，也有山崎暗齋門下之人，還有國學方面的人物。從能夠把這些人物自由地加以利用來整理大日本史這一點上，可以看到光圀超群的統率能力。

協助彰考館進行研究的人物之中，大放異彩的是朱舜水和契沖。舜水是中國的儒者，明朝滅亡之後恥於仕清故來到日本，光圀恭迎並厚待之。契沖的事情前文已經提到，不過光圀最初招攬他的時候，契沖是拒絕的，不過取而代之，契沖寫下《萬葉代匠記》交給了彰考館。

就研究方法而言，派人前往各地收集古書舊記，對於重要的文獻則收集數種寫本進行比照，檢查其中有無文字抄寫上的錯誤，乃是十分科學的忠實原著的方法。比如對於《太平記》等書籍，彰考館就整合了十個種類的異本，並參照其他記錄，在元祿四年的時候出版了《參考太平記》四十一冊；之後更是一口氣在元祿六年出版了《參考保元物語》九冊、《參考平治物語》六冊。除此之外，他們還對以《日本書紀》為首的六國史加以嚴格地校訂。這樣科學的研究方法，甚至比有名的清朝校勘學還要早一步開始，可以說是光圀的獨創。

通過這樣嚴密的科學研究方法，大量的古書得以恢復其本來的面貌，以正確的形式出版。另外，與大日本史的研究相關的，比如《扶桑拾葉集》三十卷、《禮儀類典》五百一十卷等數目眾多的書籍、文獻得到編纂，因此《大日本史》本身也就不斷地被改訂和增補，漸漸地變得難以完成。在這期間，元祿十三年（一七〇〇）十二月六日，光圀以七十三歲辭世，謚號「義公」，稱水戶黃門（黃門就是中納言）。這位受到後人無限尊敬的英傑，雖然在修纂事業的中道亡故，但所幸這一事業得以繼續，最終於嘉永二年（一八四九）出版本紀、列傳一百七十三冊，至明治三十九年（一九〇六）志、表出版結束，終於完成了包括本紀七十三卷，列傳一百七十卷，志一百二十六卷，表二十八卷在內，全部三百九十七卷，外加目錄五卷，合計四百零二卷的巨著。自明曆三年開館算起歷時二百五十年，自正保二年立志修纂算起則有二百六十二年。可以說《大日本史》是耗時長達二百六十二年才完成的作品。一部作品歷經二百六十二年的編著，一種精神貫穿其中未曾中斷，在全世界的歷史中都難見與之相似的例子。

《大日本史》的編纂方針

光圀並未看到《大日本史》的完成而中途去世，不過其內容的主體思路是光圀了解並由他決斷和指示的。比如對記事採取一條一條地標注出典、不摻雜一點想像和妄斷地加以展現的這一極具科學性的方法，就是光圀的指示。有些很有名的由光圀裁定大方針，鮮明地體現了光圀的思想，並對後世產生了巨大影響的內容包括：第一，將《日本書紀》中列為「御一代」的神功皇后從本紀中去掉，收錄在皇妃傳之中；第二，承認大友皇子即位天皇，作為「御一代」列入本紀；第三，關於所謂南北朝，將吉野朝廷的歷代天皇作為正統天子，作為「御一代」列入本紀，而對於所謂北朝，則作以《後小松天皇本紀》為首的北朝五主紀以為附載。上述三點可以說是《大日本史》中三大特色之筆，這三點都是非常嚴肅敏感的問題，不過光圀自己承擔了全部的責任做出上述裁決，將之確立為《大日本史》編纂的大方針，其後明治天皇陛下也採用了上述學說。

這裡有一個重要的問題，那就是有一種無妄之說，即日本的創立者來自中國，也就是說皇室的「御先祖」是吳之泰伯。林羅山之子鵝峰大概是相信這樣說法的，他在寛文六年寫就的《東國通鑑》序文中明確地提出這一說法。惺窩和羅山非常尊崇中國，甚至於到了痛苦於自己沒有生在中國而是生在日本這一事實，因此他們認為如果日本的先祖是吳泰伯的話，對於日本的名譽可以有進一步的提高，因此大概是滿心歡喜地採用了這一無妄之說吧。而鵝峰在幕府的命令下寫作《本朝通鑑》之時，也是以這一說法為始的，光圀看到之後非常驚訝，立即提醒其注意並要求其重寫。因此，就擺脫自卑自屈的態度，以正確的事實為基礎堂堂正正、充滿自信地書寫日本歷史這一點，在近世時期，水戶光圀的功勞不可謂不大。文化七年，《大日本史》本紀、列傳完成之時，由水戶藩主進獻給朝廷，當時呈上的《上表文》中，有「伏惟，太陽攸照，率土莫匪日域；皇化所被，環海咸仰天朝」之句。光圀與羅山和鵝峰相比較，簡直是雲泥之差。

光圀的首要功績便是編修《大日本史》。不過在編修工作進行的過程中，他還做了很多重要的事情。其中之一是於元祿五年在攝津湊川立「嗚呼忠臣楠子之墓」，悼念楠木正成忠義殉死，將其表彰於天下。到當時為止，湊川並無墳墓，人們對於正成的尊敬也很不夠。對此，光圀提出，較之其卓越的軍事才能正成的本質中更為重要的是其乃純粹的忠臣這一點，遂托詞於嗚呼之感歎以表達無限尊敬之熱情，立石碑以記之。同時他又將足利高氏指定為逆賊，並批判足利幕府，進而要求德川幕府也進行反省。

還有一件事，他在元祿七年的時候，悲傷於神武天皇的御陵之荒廢，感到不得不向幕府請求建立神社以祭祀建國始祖，並打算為此公開上書。雖然光圀根據當時的時勢判斷這一點不可能實現，所以並未公開上書，不過這一點最終成了與明治維新關係密切的重要事件。

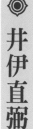

◎井伊直弼

俄國南下

自從寬永十六年發佈鎖國令以後，日本的通商貿易對象限定於清朝和荷蘭兩國，不再與除此之外的其他國家相接觸。清朝是因為與基督教沒有關係所以被允許通商；荷蘭則是因為反對天主教，並且只熱心於商業活動，對宗教活動很冷淡所以被允許通商。然而即便是這兩個國家，也只被許可在長崎進港，而不允許進入其他港口。另外，日本人也不可以前往海外，因此自寬永十六年（一六三九）至嘉永六年（一八五三）為止的二百一十四年裡，日本合上了自己房子四周全部的窗板，謹慎地放下了窗戶的窗簾，僅僅留下一扇小窗以便時不時查看一下外面的樣子，每天就這麼安靜地休養度日。可是外面的世界在這兩百年的時間裡發生了翻天覆地的巨變，甚至與其說是巨變，不如說是恐怖的侵略行為。從列強的角度來看，這被稱為「發展」，而實際上就是弱肉強食罷了。鎖國的日本，對其不知不曉，既沒有加入其中，也所幸沒有成為受害者，享受了兩百年的太平時代，積累了相當深厚的修養。而隨著時代更替，一旦窗板被敲掉，窗簾被拉起，日本看到了外面世界的情況，就必然會陷入異常驚慌的狀態。敲下窗板的，是嘉永六年四月培里來航一事。不過在此之前，對於到當時為止歐美列強究竟是如何進逼亞洲的過程，需要加以簡要的概述。

俄國人翻過烏拉爾山進入西伯利亞，根據俄國的古記錄來看，是一五八〇年的事情，也就是說，正值日本的天正八年，織田信長最為活躍的時候。之後隨著一五八七年托博爾斯克、一六六三年雅克薩等都市相繼建成，其勢力進一步向東擴展。俄國希望從西伯利亞南下，不過清朝對其進行了防禦，雙方在一六八九年（元祿二年）締結《尼布楚條約》，確立了以外興安嶺作為國境線。因此無法南下的俄國則改為繼續向東方進發，在一七〇七年（寶永四年）宣告堪察加為俄羅斯領土，一七四二年白令大佐受命探索亞洲與美洲之間是否通過陸地相連，其結果是判明了二者之間有海峽存在，並由此將其定名為白令海峽。向東到此，接下來就是南下了。南方就是千島群島，而千島群島是日本的領土。日本與俄國的接觸，就是從這裡開始的。

寬政四年（一七九二）九月，俄國使節拉克斯曼為了達成與日本通商的目的而來，在根室進港。當時幕府的主政者是松平定信。定信是八代將軍吉宗之孫，田安家宗武之子。吉宗被人讚譽為德川幕府中興之英傑，宗武也是招納賀茂真淵的俊傑人物。定信在三十歲時出任首席老中，又很快擔任將軍輔佐，改革因田沼意次而紊亂的政治，立正風俗，整頓財政，至三十六歲辭去老中一職。就在定信主持幕府政治之時，拉克斯曼來了，於是定信明確交涉方針，並派遣下屬與其進行交涉。這次交涉並未達成任何實質性的內容就宣告結束了，不過當時定信特地強調了希望獲得地圖和俄語詞典的意思，這大概是為了了解世界情勢並及早確定對策吧。定信感到外國的侵略近在眼前，在對諸藩下達了嚴肅海防命令的同時，幕府也自行對江戶灣的防衛進行了強化，定信還親自視察伊豆、相模一帶並做出指示。

日本的三藏

在松平定信發現並錄用的人才當中，有一位叫作村上島之允。村上在寛政十年的時候，加入近藤重藏的探險隊，對蝦夷地進行了測量。他的一位部下也是他的弟子，就是間宮林藏。

以探險家之名而著稱的近藤重藏，慨歎原本是日本蝦夷（北海道）附屬島嶼的千島諸島逐漸被俄國所吞併的情況，於寛政十二年（一八〇〇）和最上德內一同渡海至擇捉島，立寫有「大日本惠土呂府」幾個大字的木製標注牌於其上，當時近藤年方三十歲。

那時候蝦夷一帶，也就是北海道、千島、樺太[28]，是松前藩所管轄的地區。松前藩領內沒有田地，所以不以石高而論，而是擁有準大名的待遇。因此該藩的力量很薄弱，對於領內的管理也相當不完善，因此享和二年（一八〇二）幕府就將松前藩移至別處，蝦夷地則由幕府直轄，特別重視國後、擇捉的守衛。

可是文化三年（一八〇六）俄國人襲擊樺太，次年襲擊擇捉島，在各處劫掠放火為所欲為，拘捕原住民並將其遣返日本。聽聞此事後激憤難耐而向幕府提出申請書的一位，叫作平山行藏。當時的旗本、御家人，大都習慣於無事太平而忘記了武備、失去了氣概，唯獨平山獨自講習兵學、錘鍊武術，日夜不曾疏忽大意。此人廣泛涉獵經學、史學、制度、農學等很多方面，但是尤其精通兵學。他當時收藏的兵學書籍、漢文書籍和日文書籍合計大約超過二千六百八十四卷，還曾放出豪言曰：「吾自思之，以兵書為富貴，則吾一人不讓清之天子，痛快莫過於此。」他住在江戶的四谷，每天的生活就是練習、領悟野戰陣法，家中擺設只有武器和書籍，他每天早上四點起床揮木劍，揮劍的聲音甚至能夠影響到周圍的鄰居。他於文政十一年去世的時候七十歲，由此算來文化四年的時候他應該是四十九歲。四十九歲的平山行藏在聽聞俄國人入侵日本的北方領土之後激憤難耐，向幕府提出請願書，希望受命由自己來進行討伐，並提出自己不用正規軍，只要召集無賴和不良分子加以訓練，以此而將外敵消滅。幕府雖然並未接受他的請願，卻

28　即庫頁島（薩哈林島），日本稱樺太。——譯者注

也驚歎於雖說旗本八萬騎皆無骨氣的軟弱之輩，其中竟也有這樣強硬的人物。世間將近藤重藏、平山行藏和接下來要介紹的間宮林藏並稱為日本的「三藏」。

此事發生後的第二年，也就是文化五年（一八〇八），間宮林藏受命調查國境，於是奔赴樺太西海岸，並推測此處並不與亞洲大陸相連，而是獨立的離陸島嶼；次年實地穿越海峽，並進一步全面考察至大陸沿岸，將這一推測確認。樺太原本是松前藩所管理的地方，在元祿十三年由松前藩向幕府提交的藩地圖之中也標注出這個島嶼，不過間宮林藏是最早對其進行實地探索並加以確認的人。文化五年之時林藏三十四歲，六年穿越海峽之時他三十五歲。

鴉片戰爭

諸多外國之中，在領土問題上出現爭端，最早同時也是最頻繁地與日本接觸的，如上所述，就是俄國了。俄國在此之後又向亞洲大陸進一步南下，於一八五八年（安政五年）與清朝簽訂《璦琿條約》、改定國界，將黑龍江以北的全部領土收入囊中，並將黑龍江和烏蘇里江所夾之地，即沿海州變為俄國與清朝共同管理之地。可是這種狀態僅僅維持了兩年而再次遭到改定，在一八六〇年（萬延元年）《北京條約》將共同管理的沿海州徹底編入俄國領土。這種趨勢更是進一步向日本迫近，不過在此之前，需要先稍微說一下英國的事情。

世界探險、新航路、發現新大陸，這些事情的開拓者，眾所周知，是西班牙和葡萄牙的有識之士。哥倫布在西班牙的資助下開拓向西的航路，進而發現南美洲，是在一四九八年。巴斯克．達．伽馬從葡萄牙出發繞過好望角，開拓向東的航路同樣是在一四九八年。這一年是日本的明應七年，這一年如上所述，東西兩條航線得到開拓，是值得紀念的年份。而自此之後，西葡兩國崛起於海上，保持著高高在上的強勢地位，不允許他人趕超。這一狀況最終發生變化，是在一五八八年（天正十六年），西班牙和葡萄牙的聯合艦隊被英吉利擊潰，海上霸權就此由西葡兩國轉移到了英國手中，同時一直以來作為西班牙附屬國的荷蘭也得以獨立。西班牙也好，葡萄牙也好，從此之後都一蹶不振，以英國為主、荷蘭次之的航海活動持續了一段時間。但是，通過從一六五二年（承應元年）到一六七四年（延寶二年）這一時期裡的三次英荷戰爭，英國擊敗荷蘭，其結果是荷蘭勢力迅速衰退，英國則獨自以蒸蒸日上之勢，在東西大洋之間來回穿梭。

面對這些形勢變化，日本幾乎都是閉上眼睛，堵住耳朵，不看也不聽。英國在一六〇〇年（慶長五年）設立東印度公司，以管理印度為主要目標；此後在一七五七年（寶曆七年），任職於這一東印度公司的克萊武（Clive），率英軍一千人、土著民兵兩千人，在普拉西（Plassey）戰役中，一舉擊潰了由孟加拉副王和法國組成的六萬八千人聯軍，使英國在印度的勢力得到穩固；後來赫斯廷斯（Hastings）出任印度總督，並於一八一六年吞併錫蘭島，一八一九年購得新加坡；因為不看也不聽，所以鎖國的日本對於上述經歷一概不知不曉，也就沒什麼好驚訝的了。

真正讓日本國人感到了驚訝的，是鴉片戰爭。這場戰爭於一八四〇年（天保十一年）發生於英國與清朝之間，不過一旦演變為戰爭，英軍則接連告捷，佔領了沿海的戰略要地，清朝則以實力不濟而屈服，於一八四二年締結《南京條約》，割讓香港島，開放上海、廣州等五口通商口岸，以為請和。清朝以領土之大、人口之眾，本來被認為是世界上的強國，然而戰爭以如此慘烈的失敗而告終，這宣示了西洋列強武力令人恐懼的力量，對日本國民造成了巨大的衝擊。人們或是言說謹慎、小心避免戰爭，或是主張為了上述目標即使同意開放貿易也無可厚非，或是考慮不得不與俄國結盟以防備英國，或是主張可以與清朝同盟以抵抗西洋，因此對國防有了更為深刻的反省，而幕府雖然因此總算廢除了「驅逐外國船隻令」，也僅僅只是將對外態度改變為相對穩健而已，卻依然維持著鎖國的舊法。

培里來航

鴉片戰爭結束十一年後，嘉永六年（一八五三）六月三日，如同突然從天而降一般，四艘軍艦出人意料地出現在了江戶灣以內，逼迫幕府開國。這些軍艦既不是來自很早以前就一直讓當局苦惱的俄國，也不是來自最近讓有識之士最為痛心疾首的英國，而是到當時為止與之很少打交道的美利堅。美國在之前也曾勸說日本考慮開國之事，不過到底還是在一八五一年（嘉永四年）五月發展到了派出艦隊的地步。但是當時因為司令官有過失，中途遭到更換，取而代之被任命為司令長官的培里（Perry），於次年年末由美國出發，並於一年後的夏天進抵江戶灣。

最先得到美國的計畫和行動情報的俄國，懷著與其競爭的態度，打算率先引導日本開國。於是俄國為了對抗培里，派出海軍將官普佳京（Putyatin）率領四艘軍艦趕往日本，可是他們抵達長崎的時候已經是嘉永六年七月十八日，也就是說比培里遲了近一個半月的時間，而且也並不像培里那樣直接進入江戶灣，因此在迫使日本開國、令全國上下震驚駭然這一點上，普佳京並沒有培里那般重要。

最先登上進抵浦賀的美軍旗艦開始進行交涉的，是浦賀奉行麾下擔任與力的中島三郎。日本提出讓培里繞行前往長崎，但是培里對此不理不睬，並通過大肆宣揚武力來進行逼迫，因此幕府只好決定接受國書，培里在約好明年再次來航以聽取回答之後，方才離開日本回國。

鎖國這一國策在培里的武力要脅面前顯得脆弱不堪，處在了崩潰的邊緣。而幕府也沒有斷然遂行開國的勇氣，計畫著推卸分攤責任，於是要麼去請示朝廷的「御意向」，要麼去與水戶的德川齊昭商量，甚至還廣泛地諮詢諸藩的意見，其結果是各方意見分化為主張強硬地拒絕，即便是因此發動戰爭也在所不惜的一派，以及主張應該暫時拖延回信，在這期間充實武力的一派，還有主張開國進行對外貿易也是不錯的選擇的一派，但是強硬攘夷的論調佔據了壓倒性的多數，這與幕府本來的預想背道而馳，諮詢工作可以說以失敗告終。

在這一難關持續之際，嘉永六年六月二十二日，十二代將軍家慶以六十一歲病逝，其子家定作為繼承人成為將軍，年方三十歲，可是他身心虛弱，被認為並沒有能力裁斷國家之重大事宜。培里雖然在約定明年再來航之後總算離開了，但是俄國方面則強硬地脅迫要求締結條約，宣稱萬一有其他任何國家早於俄國與日本開始貿易通商的話，就會被視為日本對俄國抱有敵意。培里也擔心落在他國之後，於次年的安政元年正月十六日，帶領七艘軍艦再次進抵江戶灣，於二十八日抵至羽田沖。幕府震驚異常，只好在神奈川與其進行交涉，三月三日締結修好條約，同意了包括開放下田和箱館兩港、救助漂流難民等在內的許多優越條件。而既然已經與美國簽訂了修好條約，俄國、英國包括荷蘭也都提出了簽訂同樣條約的要求，那麼幕府同意並受理這些要求，也是理所當然的了。

不過修好條約只不過是諸外國所希望的內容的一部分，僅僅同意了這一部分，諸外國是不會滿足的，必然還要進一步簽訂通商條約。對締結通商條約做出最重要貢獻的是美國的總領事哈里斯（Harris）。哈里斯自從安政三年秋天來到下田以來，就開始熱情地遊說幕府，首先讓其承認領事的駐留權，之後又更進一步致力於讓其改定條約，同意進行通商貿易。由此，幕府開始逐漸傾向於開國說，不過就在安政四年六月，一直以來位居幕府政治中心、有效地進行協調工作的老中阿部正弘去世，老中堀田正睦成為執政核心，水戶的齊昭被排擠出權力之外，松平忠固被推舉為老中，政治氣氛轉而變得艱澀難通。原因在於堀田等人持反對御三家和親藩大名的立場，或者說持一種對其疏遠的感情。就在這樣的局勢之下，在開始討論奏請天皇敕許以進行通商貿易問題的時候，出現了巨大的爭議。而究竟由誰作為將軍繼承人這一問題的出現，使得事情變得更為複雜和困難了。將軍家定本人身心皆弱，沒有子嗣。後嗣的候補人選有兩位，一位是一橋慶喜，水戶齊昭之子；另一位則是紀州家的家茂，將軍家定的堂弟。安政五年之時，慶喜二十二歲，家茂十三歲。對這兩位候補人選，有各種各樣贊成或是反對的聲音，沒有辦法形成統一意見。於是，把將軍後嗣問題和開國鎖國的問題放在一起，提交朝廷諮詢意見，根據回饋的結果進行決定，或者說至少希望得到朝廷方面的「御了解」，也就是朝廷認可的觀點，在幕府上下成為主流的觀點。二百數十年以來，江戶幕府的態度一直都是一切大小事宜由幕府獨斷專裁，幾乎無視京都朝廷，到此時也不得不發生巨大的轉變。而不得不承認的是，在促成這一變化的推動力量之中，有山崎暗齋的學問、賀茂真淵和本居宣長等人的國學，以及將其綜合起來的水戶學在發揮作用。

安政大獄

可是，政治局勢突然一轉而變，原因在於井伊直弼出任了大老。井伊是近江彥根三十五萬石藩主，在安政五年四月二十三日突然被任命為大老，並即刻開始著手裁決政務。幕府之中的大老，可以說是與朝廷中的攝政和關白一樣，作為將軍的代理人，擁有指揮老中的超級權力。井伊大老於六月十九日在未得到朝廷敕許的情況下決定不再等待，直接簽署了《日美修好通商條約》；二十三日，罷免堀田正睦與松平忠固老中職務，推舉對自己忠心的太田、間部以及松平乘全三人取而代之，確立起自己的政治隊伍；到二十五日，發表了確立紀州的家茂為將軍繼承人的旨意。對於上述這些問題的處理方式，以朝廷為首，包括尾張、水戶、越前以及其他實力諸侯和有志之士在內的大多數人表示反對，但是井伊以大老的權威將所有的反對都打壓下去，斷然實行了上述政策。

而且井伊政治的雷霆之勢並未就此結束，還進一步對所有反對他的人都進行了懲處，甚至無論對方何等身份。他於七月五日頒佈命令，對尾州家慶恕與越前家慶永予以「隱居謹慎」處分，剝奪其藩主地位，命令水戶齊昭「謹慎」，禁止水戶家當主慶篤和一橋慶喜登城，封鎖了這些人的政治活動。上述這些人都是所謂御三家、御三卿或者親藩的身份，是德川一門中身份最高的人，都是在特殊情況下可以作為將軍繼承人候選的人；而倘若對這些人都可以毫無顧慮地加以處分的話，那麼對於除他們以外的其他人物展開更加肆無忌憚的逮捕捆縛、斬首流放，也就沒什麼令人驚訝的了。逮捕行動在安政五年九月七日，以身在京都的梅田雲濱為開端，此後相當多的人陸續被投入獄中，並在到安政六年十二月為止的時間裡，相繼被判決。以其中主要的事件為例，被判處切腹的有水戶家老安島帶刀，被判處死刑的有茅根伊予之介、鵜飼吉左衛門、飯泉喜內、橋本左內、賴三樹三郎、吉田寅次郎，被判處囚邢的有鵜飼幸吉，被流放遠島的有鯰澤伊太夫、小林民部權大輔、六物空滿、太宰八郎、勝野森之介、日下部裕之進、茅根熊太郎，被判處驅逐[29]的有池內大學，被判處中距離驅逐的有丹羽豐前守、森寺若狹守、三國大學、伊丹藏人、入江雅樂頭、藤森恭助等，死於獄中的有日下部伊三

29 刑罰的一種，禁止犯人進入特定地區。——譯者注

郎、梅田源次郎（雲濱）、藤井但馬守、僧侶信海等人。還不僅僅如此，處分甚至進一步波及朝廷，鷹司太閤、近衛左大臣、鷹司右大臣、三條前內大臣、二條大納言等人或是被勒令辭職，或是被命令「謹慎」，大名之中，土佐的山內豐信、宇和島的伊達宗成等人被命令隱居，幕府重要的職員之中，岩瀨、永井、鵜殿、淺野等人也被勒令「蟄居」或是「隱居謹慎」。這一事件被稱作「安政大獄」。

安政大獄的波及範圍相當廣泛，其處罰也極其嚴厲，從這兩點上來說簡直是空前絕後；同時，大獄發動的理由含混不清，這也是這次大獄相當重要的一個特點。一般的解釋是說井伊是主張開國的進步主義者，因此要對冥頑不靈的攘夷論者全部掃除，可是主張開國並於安政五年六月作為《日美修好通商條約》的責任者進行署名的岩瀨肥後守忠震也被處以永久蟄居的處分，僅從這一點來看，就可以明白前面的解釋是有問題的。那麼究竟出於什麼原因，井伊要發動如此恐怖的大獄，將朝廷之中、幕府之中、諸藩之中，以及在野的芸芸大眾之中所能挑選出的英才俊傑，悉數一網打盡地進行處罰呢？這一點，讓我們在下一章裡進行敘述。

◎橋本景岳

《啟發錄》

犧牲於安政大獄之中的人們無論哪一位都值得惋惜，而其中最讓人惋惜的有兩個人。這兩位是過去幾百年歷史中都未曾出現過的偉大人物，而像這樣的人物自從那時起直到今天的一百數十餘年之中也再也沒有出現過。這兩個人是誰呢？一位是橋本景岳（通稱左內），一位是吉田松陰（通稱寅次郎）。景岳在安政六年（一八五九）年十月七日被害之時，年僅二十六歲。不過幾天之後的十月二十七日，松陰被斬首，年僅三十歲。他們如此年輕卻有著超越他人的見識，真可以稱為天才；他們的言教在死後變成了明治一代的指南針，所以在這裡概略地談一談他們的學說。

橋本景岳於天保五年出生於福井，十二歲的時候師從藩儒學者吉田東篁，而由於東篁接受了山崎暗齋、淺見絅齋的學術體系，主張國體之尊嚴學說，因此接受他教導的景岳也自然而然地養成了愛國之至誠與慷慨之氣魄，雖然只是十二歲之少年，卻深深景仰宋之嶽飛這樣的人物，遂自號「景岳」（景就是仰慕的意思）。到十五歲的時候，他寫作了《啟發錄》一文。這篇文章以去稚心、振氣、立志、勉學、擇交友這五條為綱目，逐條寫出少年入學的種種心得，不過他並沒有進一步將這篇文章拿去給別人看，所以更多地來說，這應該算是激勵自己而寫就之物。這篇文章由此被收藏起來，直到過了十年之後，安政四年的時候才再次被發現。此時景岳自己甚至認為與當年的勤奮勵學相比，現在的自己反而難以企及，歎息到「嗚呼十年前既如彼，而今日如此，則自今十年之後其將如何乎」；同門的學友見此則感歎其「未有一言半語非忠孝節義，感憤激勵之氣，勃然流溢於其間，令人悚然而興起」。這裡從「去稚心」一條中稍微選取一些內容羅列如下：

所謂稚心，即幼稚之心，通俗謂之童稚也。（中略）而若至十三四歲，有志於學問以後，仍存絲毫此幼稚之心，則何事皆將難有大成，更難以成為天下之大豪傑也。

寫作這篇《啟發錄》之後的次年，十六歲的景岳前往大阪，進入緒方洪庵門下，在三年的時間裡學習蘭學以及西洋醫學，這是因為橋本家乃是擔任藩醫的家門。雖然他在這裡也學習了西洋醫學，不過比這更為重要的是，景岳因此得以自由地閱讀荷蘭語的書籍，包括西洋的歷史、地理、政治、經濟、化學、兵學等，在上述各種領域裡接觸西洋的文明，並從中吸收知識。而後，在他十八歲那一年的冬天，因為父親生病，景岳不得不返回家裡，並在次年父親亡故之後，繼承家業成為藩醫；二十一歲那年，他又前往江戶，進入杉田成卿的門下學習。大阪的緒方和江戶的杉田，是當時蘭學界的最高權威。在江戶的兩年多裡，景岳交往了天下的名士，使得自己的精神得到了極大的砥礪，其中景岳特別敬重佩服的人是水戶的藤田東湖。景岳實際上是通過這位東湖先生，才進而受到了水戶學的感化和影響的。

國事奔走

安政二年，在景岳二十二歲的時候，福井藩將景岳的職務從醫生轉為處理政務的相關職務，這是為了讓他負責重大事務而做出的決定。安政三年四月，該藩為了要拔擢景岳，命令他回到藩國，景岳針對此事所做的回答的中心要領可總結如下：

雖尊命令我為決定國家大政方針而速歸，然「元來皇國異於異邦，無所謂革命之亂習惡風之故」，縱至今日，亦必遵守神武天皇之御遺訓而別無他法。其遺訓曰「人，重忠義，士，尚武道」二條也。「此二條，乃皇國之為皇國之所在」，與中國和西洋相較，其間優劣好似雲泥之別。何至於仰慕中國，斷沒有模仿荷蘭之必要。倘若尊上確立此等大方針，為實現之而差遣於我的話，則鄙人即日啟程歸藩；可倘若根本未決，尚在虛耗時日以議論，其後則空歎息之程度，則獨鄙人欲請謝絕此任命。

這便是二十三歲的青年在受到拔擢的內命之時做出的答覆。藩當局對此表示同意，決定以景岳為主任，斷然推行教育改革。越前地方以水戶學校「弘道館」為模範創立「明道館」，不過在景岳的主導下加入西洋學問的教育，這成為明道館的特色。

然而時勢緊迫，並不允許景岳專心於明道館的建設，次年安政四年八月，他奉藩主松平慶永之內命，為國家重大事宜，也就是開國還是攘夷的問題，以及將軍後嗣是選擇慶喜還是家茂的問題這些重大事項，在朝廷、幕府和諸藩之間奔走。在他奔走忙碌整一年後，安政五年七月，藩主慶永被處以隱居謹慎，很快景岳也受到調查而閉門謹慎，並於次年十月下獄於傳馬町大牢，十月七日被處以死刑，英年二十六歲。

景岳為國事奔走是從他二十四歲那年的秋天，到他二十五歲那年的秋天這一年之間，從其身份來看，他不過是越前藩主的秘書官，然而其視野之廣闊，見識高遠，立案宏大且具有獨創性，更可貴的是其對人態度謹慎，禮節周到，與他接觸過的人們無不感激心服；從上述這些方面來看，景岳不愧是當時的第一流，不，甚至還不僅是當時，而是前後幾百年之間無人可以比擬的存在。

首先從學問上看，景岳的學問兼具和、漢、洋三者，並取其精粹。他跟隨吉田東篁而養成了山崎暗齋學派的學問根底，仰慕本居宣長而自號「櫻花晴暉樓」，通過藤田東湖接觸到水戶學，從而提高了自己經世濟國的見識。此外，景岳更是師從大阪的緒方、江戶的杉田這樣的蘭學大家學習荷蘭語，通過直接閱讀荷蘭的原本，理解西洋的文明，了解世界的大勢。所以，當看到人們既不知道世界的地理，也不知道西洋的歷史，察覺不到列強的武力，也看不出他們侵略的意圖，卻戲謔地歌頌當今太平盛世的時候，景岳不由得歎息不已。

葡萄牙勢力進入東洋、佔領澳門一事，雖然是距今四百年前的事情了，但是景岳提出，必須以這一先例為借鑒，強化國家防衛。這一主張提出於安政年間，看到人們熱衷於中秋賞月、飲酒娛樂的場景後，景岳作俳句歌曰：

誰か知らむ、一片清輝の影、
嘗て澳門の白骨を照らし來るを、
（誰知一片清輝影，曾照澳門白骨枯。）

以此，緬懷那些因為西洋人的侵略而遭受屠戮的芸芸眾生。

景岳曾經拜訪過西鄉隆盛，就國家的重大事宜請求其協助。西鄉較景岳年長六歲且體格雄壯，最初見到身材矮小瘦弱、面色蒼白的景岳時，是很輕視他的；可是一旦聽聞他的一席言辭，立刻深受感動，隨即承諾就此追隨景岳。景岳還曾拜訪過川路左衛門尉。川路是當時幕府奉行中最有見識和骨氣的一位，故而最初景岳被引見給他的時候，他是相當傲慢的；可是一點一點地聽景岳講述其主張，山路便愈來愈驚訝，次日與他人說起這件事，言「昨日一見橋本，感覺好像自己有一半身體都被切掉了一般如獲新生」。

景岳的救國之策

那麼，景岳在那時候所提出的，能夠讓西鄉心悅誠服，讓川路放下傲慢的救國之策究竟是什麼呢？其內容大概包括以下幾點。

第一，外交問題。鎖國這一政策本來就不通情理，及至今日已不可能繼續，因此須斷然開國，與世界萬國進行交易，在自己堅守忠孝仁義之教誨的同時，也向外國傳播這些教誨；與之相對，則可以從外國獲取物質文明、精密機械等。而如果逐漸走向開國的話，就必須要確立外交方針，為了確立外交方針就必須要事無巨細地觀察、了解世界的形勢和今後的動向。就景岳自己的觀點來說，他認為世界應該會向著結成國際聯盟、聯合萬國的力量以終結戰爭的方向前進。那麼在這種情況下，佔據國際聯盟指導位置的大概首先就是英國或者是俄國吧。日本該如何是好呢？首先孤立是非常危險的。如果想要孤立地存在的話，就必須要合併朝鮮、滿洲以及東北亞沿海地區，甚至進一步在美洲或者印度擁有殖民地才行；然而西洋諸國已經將上述地區佔領了，因此如今已是不可能實現的了。那麼如果孤立是危險的話，就應該與某一國結成同盟。作為同盟國的國家來說，英國和俄國都是可以考慮的，不過一旦日英達成同盟的話，其時必然會爆發日俄戰爭，反過來日俄達成同盟的話，也會發生日英戰爭吧。在開國之前，非得有如此這樣的預測和相應的覺悟不可。

第二，將軍後嗣問題。一旦開國，與英國或是俄國之間遲早一戰，必須做好這一覺悟，因為這是事關國家前途的頭等大事。這樣一來，作為政局負責人的將軍，就必須是明瞭國體、正確判斷大局的英明人物不可。如今作為將軍後嗣的兩位候選人中，慶喜已經年過二十，家茂則未滿十歲，而且從是否有能力的人物這一點來看，慶喜繼承了水戶家的傳統，因而是英明的。因此應該認真懇切地請求朝廷，期待其做出讓慶喜成為將軍繼承人的決定。

第三，政治大改革。因為是本著將來必有一戰的覺悟而進行的開國，那麼通行至今的政治機構就不能勝任了。應該以水戶齊昭、越前慶永、薩摩的島津齊彬等人為內務大臣，以肥前的鍋島齊正為外務大臣，在他們之下以川路左衛門尉、岩瀨肥後守等為局長，廣招天下有名博學之士，分別任職於內務、外務部門。以尾張慶恕、鳥取的池田慶德為京都守護職，以彥根的井伊氏、大垣的戶田氏為其副手。以宇和島的伊達宗城、土佐的山內豐信為蝦夷（北海道）之長官。如果是這樣一套陣容的話，就可以和諧、愉悅地進行改革了吧。此外，還應該從美國招募各個方面的專家一共五十人，作為雇傭教師以開設學校，講授生產技術。

通過上述內容大概可以了解景岳恢宏雄偉的國策究竟是怎樣的了吧。其中沒有絲毫的私心，也沒有一丁點頑固的地方。然而景岳正是因為將這一國策向朝廷進言，向幕府進言，向諸藩進言而獲罪。說到為何井伊大老要以此而定景岳死罪的話，我認為這是因為井伊頑固地想要維護德川幕府一直以來的體制：自家康以來，天下的政治一直由幕府受朝廷委任而行使專斷權，而打開國家之鎖也好，選擇由誰擔任將軍繼承人也好，全都屬於幕府的許可權，事到如今既沒有請示朝廷意見的必要，也不應該諮詢諸藩的想法。而幕府之中對這些問題做出判斷的人，既不是御三家和御三卿，也不是親藩諸家，而應該限定在作為幕僚的、拜謁儀式時在江戶城「溜之間」待命的譜代大名之中所選出的大老和老中們。一直以來井伊家就是這些高級幕僚的首座，如今又身居大老和將軍代行之位，那麼那些將這樣重要的井伊家放在一邊，滿嘴胡言亂語地討論國家重大事務之人，無論是朝廷重臣也好，還是御三家也罷，都必須因為這種僭越行為而受到懲處，何況區區臣屬之輩，就更不在話下了。正是根據這樣的思考方式，橋本景岳被處以斬首。時任勘定奉行一職的水野豐後守看到此事之後，言道：「井伊大老處死橋本左內一事，便足以滅亡德川氏江山。」人總是難以逃脫為發生過的事情負責任的命運的。井伊直弼和幕府就最終為處死景岳一事付出了代價。不過在說到這裡之前，還必須談到另一位令人惋惜的犧牲者，也就是吉田松陰。

◎吉田松陰

《講孟箚記》

在安政大獄中犧牲的人們，都是值得惋惜、令人痛心的，其中尤其讓人痛惜，他們的死被認為是日本的重大損失的人物，是橋本景岳和吉田松陰。松陰在天保元年出生於長州荻城郊外的松本村，父親是長州藩士杉百合之助，松陰是其次子，不過作為養子被過繼給了他的叔父，所以繼承了吉田家。吉田家傳習山鹿素行的兵學，並以此仕從於毛利家。松陰也繼承這一兵學傳統，在家中受到了嚴格的教育；在嘉永四年他二十二歲那年的春天，松陰為研究兵學而前往江戶的途中，在湊川參拜楠公墓之時無限感慨，遂作詩一首：

為道為義豈計名，
誓與斯賊不共生，
嗚呼忠臣楠氏墓，
吾且躊躇不忍行。

就在這一年，他還有更重要的收穫。那就是在水戶發生的事情。松陰在二十二歲那年的年末到二十三歲那年的春天之間，有一整個月的時間待在水戶，與會澤正志齋、豐田天功等大家相見，接觸到了自義公光圀以來的水戶學風，以至於驚訝到大聲驚呼「身生皇國，而不知皇國之為皇國，何以立於天地」這樣的話語。也就是說，直到今天為止，雖然出生於日本，也認為自己是日本人，但一旦接觸到了水戶的學風，才知道自己到目前為止對於被稱作日本的這個國家的本質完全沒有理解。而如果都不知道日本的本質的話，自己可以說也就算不上是真正的日本人，只不過是天地之間無用之物，松陰意識到了這一點。水戶學促進日本人自我意識之覺醒，對於明治維新做出的貢獻，通過這一例證便可知道。

在水戶打開了觀察國體的視野的松陰，之後又前往東北地方旅行，在這期間坐船到佐渡島，參拜了順德天皇的御陵，悲痛於天皇因為逆賊而被流放到如此偏僻之島的不幸經歷以至於哭泣，痛切地歎息如若不振興正確的學問，不弘揚道德，不肅正風俗教養的話，人就將會變得如猛獸一般，不知會做出何等事情。

到了嘉永六年六月，培里抵達浦賀。松陰馬上趕往浦賀考察情況，歎息日本沒有知曉海外情勢之人，亦無對抗外國之武力，與教授西洋兵學的學者佐久間象山商量並制訂了秘密前往海外的計畫。等到七月俄國的普佳京抵達長崎之後，松陰為了搭乘他的艦船立刻出發前往長崎，可是就在他趕過去的時候，俄國軍艦已經從長崎出航了，松陰只得返回江戶。次年安政元年，培里艦隊再次到來。松陰前往伊豆下田尋訪軍艦，請求准許搭乘，可是培里表示如果有幕府的許可則同意搭乘，沒有許可的情況下就不許搭乘，拒絕了松陰的請求。這期間松陰前往軍艦所乘坐的裝有松陰佩刀和行李的小船漂走不知去向，因此由美軍船隻送回的松陰只好向幕府自首，並被投入獄中。

松陰被關在下田的監獄中不過十天，可是在這十天裡，松陰不分晝夜地高聲言說「皇國之所以為皇國，人倫之所以為人倫」，獄卒們聽到這些言論，都感動得哭泣。

後來松陰被移送至江戶的監獄，再後來被移送到荻藩的野山監獄，在野山監獄裡被作為罪人收押的有十一個人。這十一人的年齡從三十幾歲到七十幾歲，關押時間已經有幾年或者十幾年，最長的一位四十九年裡一直待在這裡，都不知道哪一年哪一天可以出獄，這裡都是完全絕望的人們。令人驚詫的是，松陰在到這裡六個月後，面向這些人開始進行《孟子》的講習，而這些絕望的人們則開始神清氣爽地聆聽講習。《孟子》的講習在兩個月後結束了，而在這之後則開始由這些聆聽講習的犯人們依次進行輪講。在輪講的時候，每到一節結束的地方，松陰都會對這一節內容加以評論，這些評論彙集起來，就是非常有名的《講孟劄記》。這裡稍微從中挑選出一些內容列在下面：

閱讀經書的第一要義為不阿諛聖賢。即便只是些許阿諛，也不能明白大道。此時再學也是無益，反而有害。孔孟離其生國出仕他國，乃可悲之事。大凡君主與父親，其義同一也；因我之君主愚癡昏庸，而去生國往他國以求明君賢主，與因我之父親頑固愚昧而離家出走，以鄰家老翁為父無二。孔孟失此大義，則如何辯駁皆無用也。

這一條是說在深深地尊敬孔子和孟子的同時，指出他們根本上的重大錯誤。

接下來松陰還說：

聽聞近世海外諸蠻夷，各自推舉其賢能之人，革新其政治，駸駸然有淩辱上國之威勢。我等該持何物以制之耶？無他，前所論述之所，即辨明日本之國體與外國之所以為不同之大義，立闔國之人為闔國而死，闔藩之人為闔藩而死，臣為君死，子為父死之志向，若能確乎施行，則何等諸蠻亦無所畏懼也。如有可能，願與諸位在此立志。

這一條說的是對抗歐美列強勢力、保衛國家、維繫國家的根本力量，在於為君主、父親拋棄生命而不顧的極致忠誠。

在獄中的《孟子》輪講持續了半年的時間，到這一年的年末，松陰出獄，被判在其出生的杉氏家內軟禁謹慎。遺憾於《講孟劄記》未完成便被迫結束的松陰之父兄，在家中開設孟子研究會，讓松陰的評論得以繼續。這一研究會直到到次年六月才結束，同時劄記也最終完成。

松下村塾

知名的松下村塾，最初是以松陰的叔父為負責人和指導者創辦而成的，不過等到松陰回到家中以後，其中心便逐漸轉移到了松陰這邊。安政三年九月，松陰寫下了《松下村塾記》。在這篇文章中，松陰寫道：

蓋人之最重者，乃君臣之義。國之最大者，在華夷之辨。今天下又是如何？

君臣之義不得宣講達六百餘年，及至近日，又慌而失卻華夷之辨。然而天下之人，竟至安然若素，以為得計也。今生於神州之地，蒙受皇室恩蔭，內，失君臣之義，外，忘華夷之辨，則學之所以為學，人之所以為人，又何處有之？

以上述語句，明確了村塾所要達成的目標。

松陰成為松下村塾的中心之後，慕名而來的學者日漸增加，因此他在安政四年十一月將家宅地內的小屋進行修繕以為村塾使用。小屋面積有八疊，依然十分狹小，因此到安政五年春天的時候，塾生們一起加蓋了十疊半的空間。也就是說總計十八疊半的學校，就是知名的松下村塾的全部校舍。然而從這樣簡陋的學校當中走出的人們，後來卻領導了明治維新，並且在明治一代擔當大任。久阪玄瑞、入江杉藏、高杉晉作、前原一誠、伊藤博文、山縣有朋、山田顯義、品川彌二郎、野村靖等都是如此。增建十疊半新校舍的時候，這些人作為塾生親自搬運土石，全部的工程都由他們完成，沒有額外雇用一個人。

松下村塾的規定如下：

一、父母之命不可違。
二、出入之時必告知父母。
三、晨起盥梳，拜先祖，向荻城而拜，面東拜天皇朝廷，雖臥病亦不可廢弛。
四、兄長自不論，凡年長位高之人，必順而敬之，不可有無禮之事；弟亦無論，凡品卑年幼之人須愛護之。
五、塾中諸事應對，應懷以禮儀正確之心。

松下村塾的增建是在安政五年的春天，而就在這一年的四月底，井伊直弼出任大老，六月便在未獲得朝廷敕許的情況下簽署《日美通商條約》，七月對反對這一行為的水戶、尾張、越前、一橋等諸家予以處分，接下來又與荷蘭、俄國、英國等諸國簽署條約，同時著手搜查逮捕反對派。出於上述原因，老中間部下總守自告奮勇地於九月前往京都，開始極為嚴苛地檢舉調查行動。松陰聽聞此事，認為首先有必要將間部剷除，為此開始與塾生們進行準備。藩當局對此憂心忡忡，所以在十二月月底的時候再次將松陰拘於野山監獄。至次年安政六年五月，幕府命令藩當局將松陰護送至江戶，並將其拘於傳馬町；十二月底，松陰被處以死刑。松陰三十年的人生至此畫上了句號。在臨死之前所執筆的《留魂錄》卷首，松陰寫下了這樣的文字：

身はたとひ　武蔵の野辺に　朽ちぬとも
留め置かまし　大和魂
（此身雖殉武藏野，枯骨猶唱大和魂。）

在卷末之處，松陰則留下了這樣的話語：

七たびも　生かへりつつ　夷をぞ
攘はんこころ　吾れ忘れめや
（但得七度重生時，吾志不忘攘夷心。）

◎孝明天皇

幕府權威的喪失

安政大獄無論從哪個方面來說都過分嚴酷，不過其中幕府最為痛恨、打壓力度最大的物件，則是水戶藩。被這種嚴酷的鎮壓激發起鬥志的水戶藩志士們，開始秘密進行聯絡，以等待時機。在萬延元年（一八六〇）三月三日清晨，紛紛揚揚的大雪之中，志士們於櫻田門外突襲了正要前往江戶城的井伊大老，經過激烈的戰鬥之後斬殺大老，梟首示眾。參加這次襲擊行動的人，包括以關鐵之介為首的水戶藩士十七名，以及薩摩藩士有村次左衛門。防衛一方的彥根藩士達六十名，也都是能征慣戰之人，因此戰鬥非常激烈，但是襲擊還是在一瞬之間就塵埃落定了。

井伊大老遇刺身亡一事的影響極大。安政大獄之前，憂心於國事的仁人志士，基本上都是考慮如何幫助德川幕府，促進其進行改革。而看到安政大獄的殘酷之後，人們就開始轉變為思考不得不推翻德川幕府了。水野筑後守所言「井伊大老處死橋本左內一事，便足以使德川氏江山滅亡」，就是其中一例。然而對於歷經二百數十餘年所積累起威勢的德川幕府，究竟能不能被推翻這一點，人們是存在疑問的。可是事到如今，井伊大老被推翻了。井伊直弼乃是彥根藩三十五萬石的藩主，作為幕府的高級官僚而自命為江戶城溜之間幕僚之首席，當時還作為大老身兼將軍代行之職務，原本人們認為在如此權威面前一切都將如草芥一般而倒，可是這樣的權威之人卻在明明白晝之中、堂堂陣列隨行之內，於江戶城之大門口，遭受攻擊並就此喪命。自此以後，憂國志士們終於獲得了推翻幕府的自信。井伊直弼為了提升幕府的權威，使幕府政權能夠天長地久，而持續地採取專斷和鎮壓的政策，結果反而造成了幕府壽命的銳減。

然而從井伊被刺殺，到幕府最終宣告終結之間，還經過了七年的時間。在這七年的時間裡，幕府為了能夠延續下去，做出了所能做到的一切努力。櫻田門事件的主謀者金子孫二郎和高橋多一郎以及其他人，在全國之內遭到廣泛地搜查直至被俘處死，就是其中的一項努力。另外，為了緩和與朝廷之間的對立關係，向朝廷請願，將孝明天皇皇妹和宮降嫁於將軍家茂，並最終獲得敕許，也是其中的一項努力。

這一系列的政策，都是以老中安藤對馬守為核心而得到推行的，因此志士們為了反抗這些政策，於文久二年（一八六二）正月十五日，在江戶阪下門對安藤進行了襲擊。有鑒於井伊的先例，安藤對此十分警惕，因此本人僅僅是背上挨了一刀得以活命，而發動襲擊的志士，即水戶的平山兵介、下野的河野顯三等六人則全部被殺。大橋訥庵是這些人的指導者並受到他們尊敬，因此就在阪下門之變發生之前，幕府將大橋抓獲並投入獄中。訥庵在獄中生病，出獄之後沒過多久就病死了。在這樣的情勢之下，安藤本人的聲望一落千丈，只好辭任老中，幕府的權威也一點點地消失殆盡。

與幕府的權威破產呈現鮮明對比的是長州毛利氏和薩摩島津氏兩大雄藩勢力的抬頭。長州藩根據藩士長井雅樂所制定的方案，實行緩和朝廷（公）與幕府

（武）之間的對立，即「公武一和」、開國進取的政策，對此幕府也表示歡迎。可是由於藩內志士們的反對，這一政策最終失敗。薩摩藩的島津久光也秉持「公武合體」的方針，取代長州藩進行活動，於四月二十三日在京都伏見的寺田屋對主張強硬討伐幕府的有馬新七等人發動襲擊，造成大量傷亡。隨後，島津氏的政策演變為改造幕府，並尊奉朝廷旨意。島津氏親自上京向朝廷提出了上述建議。依此，朝廷任命大原重德為敕使，在島津的護衛下東下江戶。敕使傳達給幕府的內容無疑是最令幕府痛苦的事情，即「任命一橋慶喜為將軍輔政職，松平慶永為政事總裁職，即實質意義上的大老」。幕府對此糾結不定，回覆的時間晚了足足二十天，不過最後還是做出了尊奉天皇敕令的回答。安政五年因反對井伊直弼而遭受處分的人們，在文久二年，站在了幕府政治的中心，變成了幕府的主導力量。而同時，像這樣依照朝廷的敕令行事的狀態，也是幕府重新回到最初原本的形態，即作為朝廷治下機構之一的切實證據。在二百數十年間，對一切事務獨斷專行，將朝廷置於可有可無之地的幕府，也到了實力喪失殆盡的地步。

孝明天皇之御德

幕府之所以會喪失實力並淪落到一切聽命於朝廷的地步，主要是因為仰仗孝明天皇的御德。孝明天皇在弘化三年（一八四六）以十六歲繼位成為天皇，而就在他繼位沒過多久，美國的軍艦就來到了浦賀。天皇聽聞這件事之後，向幕府下達了「雖小國而不可侮，雖大敵亦不可懼，須琢磨善策，以無瑕瑾於國體為要，慎處置之」的敕諭。

嘉永四年，天皇二十一歲。這一年三月，依照天皇敕命，和氣清麻呂作為神得到祭祀，獲贈「護王大明神」之神號與正一位之品位。曾經道義墜地，國家瀕臨革命邊緣之時，清麻呂「身入險境，英勇壯烈以盡誠心」，這次敕命便是天皇對於上述行為的追賞。國學者、和歌家佐久良東雄獲悉此事之後感激之情難以言表，立刻冒雨登上高雄山，叩拜於護王大明神之神位前，詠頌俳句：

皇まもる　神のましみます　高雄山

あかき心の　みゆる紅葉

（尊皇封神高雄山，赤心可鑒楓葉紅）

嘉永六年六月，從培里來到浦賀開始，幕府陷入了異常的動盪，而天皇則授意伊勢神宮為四海之靜謐與國體之安全而行祈禱法事，隨後降旨要求以熱田神宮為首的諸大社行祈禱法事，「以神明之冥助使神州得以不汙，人民得以不損，國體安穩，天下太平」。

另外，天皇還歎息歷代天皇之御陵荒廢已久，為進行修復工作而於文久二年十月十日任命正親町實愛與野宮定功等人為「御用」負責人，而幕府也因此深受感動，派宇都宮藩主戶田越前守的代表戶田忠至上京，聽憑朝廷差遣。於是朝廷任命忠至為山陵奉行，隨即又提拔其為大和守。對於數百年間荒廢之御陵，水戶光圀嘆惜過，野宮定基嘆惜過，松下見林嘆惜過，柴野栗山嘆惜過，可都只能歎息而無能為力。如今在孝明天皇的御德之下，御陵一舉得到了修理。而且這還是在文久、元治、慶應年間，國家處於內憂外患的動盪之際，在全國範圍內將百餘處御陵重新修復，這實在是令人驚歎的事情。在這次御修理事件中效力的宇都宮藩主戶田越前守，在之後因故得咎而被幕府處以減封移邑的處罰之時，天皇的敕命使其得以免除此項處罰。另外，在御陵修理工作完成之時，朝廷授予將軍家茂從一位品位，這些事情全都明確地顯示出，現在日本國的中心已經是朝廷了，賞罰之大全亦在天皇這一事實。

孝明天皇所作之御歌，國民們無意間聽到之後都難以抑制自己感動的心情。

朝夕に　民安かれと　思ふ身の
心にかかる　異國の船
（朝夕民安連身心，異國之船甚掛牽。）

國安く　民のかまどの　賑ひを
見も聞きたきぞ　我が思なる
（國安民泰炊煙起，吾思願見亦願聞。）

日々日々の　書につけても　國民の
安き文字こそ　見まくほしけれ
（日復一日書幾筆，惟願所寫皆安民。）

感動於天皇如此之御德，在安政大獄中殉難的梅田雲濱作歌曰：

君が代を　思ふ心の　ひとすぢに
吾が身ありとも　おもはざりけり
（皇運久長心一齊，我身俱獻思社稷。）

同樣因為安政大獄遭到追討，逃至薩摩海邊溺死的僧人月照則歌曰：

大君の　為には何か　惜しからむ
薩摩の瀬戸に　身は沈むとも

（但為大君何所惜，身赴薩摩瀨海中。）

作為櫻田門外之變的關聯者而客死獄中的佐久良東雄亦作歌曰：

わが為に　何祈るべ　きさいはひも
君がためにと　思ひこそすれ
（為我何所祈無妨，但思為君求幸福。）

蛤御門之戰

在孝明天皇的御德之下，朝廷的威嚴日漸增加，這樣一來無論是想要推翻幕府之人，還是希望維持幕府之人，都需要上奏以得到朝廷的支持。在這樣的情勢下，最先發生的事件是文久三年（一八六三）八月十八日的政變。當時在京都主張尊王攘夷的勢力尤其強盛，朝廷內部以三條實美為中心，諸藩則以長州藩為統領，全國諸藩志士彙聚於此，決定以五月十五日為迫使幕府攘夷之預定日期。而就在快到這一天的時候，長州藩於下關與美國以及法國的艦隊交戰，將幕府推到了非常尷尬的地步，以至於慶喜和慶永都不得不辭職。以此為契機，天皇陛下於八月十三日下達旨意，計畫進行大和行幸，參拜神武天皇之御陵，隨後行幸伊勢神宮，並安排為攘夷進行祈禱的內容。在這一情況下，雖然表面上是為了「攘夷」，強硬派卻將其理解為了「倒幕」的意思。

當時反對這一行幸，並且最為強烈地希望幕府繼續存在，同時提高將軍權威的，是會津藩。會津藩主松平容保從上述立場出發，對於之前一橋慶喜擔任將軍輔政職務一事直到最後都加以反對；而此時容保被任命為京都守護職，領兵駐守京都。在文久三年八月十八日清晨，以會津和薩摩藩兵突然開始擔任御所守衛工作這樣的武力行動為背景，朝廷上下的氣氛為之一變，大和行幸計畫被迫中止，三條實美等人被禁止出席朝中活動，長州藩被解除宮門警備職務，取而代之由薩摩藩來擔當。也就是說主張尊王攘夷之人（實際上是計畫討伐幕府之人）都被從朝廷之中清除了出去。這樣大規模的變革竟然是在鷹司關白渾然不知的情況下進行的，因此對於三條與長州藩士們來說，也猶如晴天霹靂一般，然而無可奈何之下，三條等七位公卿只好與長州藩士們一起西下長州。這就是有名的「七卿落」事件。

在這之後很快，尊攘派也就是討幕派陷入了極端困苦的境地。文久三年八月，在大和國舉兵的「天誅組」藤本鐵石、吉村寅太郎、松本奎堂、伴林光平等人，以及在但馬國生野起事的平野國臣等人的行動全都以失敗告終。不僅如此，就連長州藩傾盡全力並聚集諸國有志之士以期打開局面的、元治元年（一八六四）七月十九日的上京行動，也沒能打敗由會津、薩摩、越前、桑名、彥根以及其他諸藩的防禦力量，在激戰之後敗退而走。這一事件被稱為「蛤御門之戰」或「禁門之變」。在這場戰鬥中，久阪玄瑞、入江九一等吉田松陰的門人都戰死，作為全軍總指揮的真木和泉守也在天王山自決。

真木和泉守保臣乃是日本的歷史上切不可被遺忘的一位英傑。他原本是久留米地方水天宮的神官，然而在弘化元年三十二歲的時候，遠赴水戶面見了會澤正志齋[30]，通過這個人接觸到了水戶學，受到了極大的衝擊。嘉永五年四十歲的時候，真木因為受到久留米藩內部紛爭的牽連被要求禁止外出，因此從這時起直到文久二年他五十歲那年的春天，在這十年的時間裡，真木一直被軟禁在久留米城郊外水田的寒村之中。安政大獄幾乎將天下的英傑一網打盡，而真木得以倖免也正是因為被軟禁而無法進行活動。雖說這樣，但是真木在軟禁期間從未在學問上有所懈怠，一直憂心於天下之事而構思出了種種相關計畫，也在暗地裡對外進行過很多聯繫。真木特別尊崇楠木正成，每年五月二十五日都一定要祭拜正成，感慕正成之忠誠節義。而且需要特別加以強調的是，真木的這種感動之情，與其說是針對建武中興得以成功的那部分，倒不如說更是緣於在悲慘的命運到來之際，每家每戶紛紛捨棄生命以堅守大義的這一點。在遭到軟禁十年之後，文久二年二月，真木因為國家面臨重大事件而從水田逃到薩摩，並輾轉前往京都。在這之後，或是被抓獲，或是被赦免，幾經輾轉最終在元治元年，真木與長州藩的藩兵一起大舉上京，然一戰而敗北，五十二年的人生畫上了句號。他於天王山上自行了斷之時，與追隨他的十六個人一起，先是朝向皇居的方向遙拜之後，留下一首絕命歌：

大山の　峰の岩根に　埋めにけり

我が年月の　大和魂

（崇山峻嶺岩根下，葬我此生大和魂。）

詠罷，慨然切腹。

真木和泉守雖然自殺，但是他所懷之日本中興計畫已經通過建白的方式傳達到了宮中，最終為明治天皇所採納。其主要綱領如下：第一，重振神武天皇創業之精神；第二，破除積弊；第三，設公、侯、伯、子、男五等爵位；第四，以神位祭祀有忠誠功勳之人，或追贈其官位；第五，設親兵衛隊；第六，收土地人民之權；第七，應行遷都之事；第八，採用皇紀紀年；第九，減輕租稅；等等。

30　即會澤安，水戶藩士，儒生。——譯者注

薩長聯合

在京都宣導尊王攘夷大業的長州藩，文久四年因為八月的政變被逐出京都，次年元治元年七月再敗於蛤御門之戰，逐漸背負上逆賊之名而陷入困苦的境地。就在這時，同樣在關東地區提倡尊王攘夷的水戶藩也發生了很大的混亂，武田耕雲齋、藤田小四郎等人與志同道合之人一起聚居於築波山，可是為了上京向一橋慶喜建議尊王攘夷、聽憑朝廷差遣之計策，大約八百餘人由中山道向京都進發，不過中途遭遇幕府的攔截而受阻，遂於大雪之中翻越重山進入越前，行至敦賀終於精疲力竭，遂向幕府軍投降，這發生在元治元年的歲末。幕府對這些人的處罰極其嚴苛冷酷，首先領頭的二十四人全部被斬首，而斬首人數進一步擴大至三百五十二人，一百四十人被流放，一百八十七人被追放，水戶藩內甚至這些人的家族人員包括幼兒在內都被施以刑罰。這實在太過悲慘，而面對如此苛刻的處罰，有兩個藩因為此種刑罰違背日本之道義而拒絕執行幕府之命令。其中一個是福井藩，當幕府發來將這些人斬首的命令之時，以處分不當的理由予以拒絕。另一個就是薩摩藩，對於幕府做出的將部分人流放遠島的命令，西鄉隆盛作為藩的代表，以如此過分的處刑違背武士道精神予以回絕。

那麼既然蛤御門之戰長州藩敗北撤退，反對派就得到了將其作為朝敵而進行討伐的絕好機會，他們下令鳥取、松江、岡山、廣島等二十一個藩出兵，以尾張的德川慶勝為統兵總督。這一大軍很快兵臨長州，長州藩當局傾向於和平解決，遂命令蛤御門之戰的主要負責人福原越後守（五十歲）、益田右衛門介（三十二歲）、國司信濃守（二十四歲）三位家老切腹自盡，將穴戶左馬介、佐久間佐兵衛等四位參謀官斬首以為謝罪，由此征討軍在理解謝罪行為之上收兵。這是元治元年十二月的事情。

吉田松陰的門人高杉晉作，當年二十七歲。他見到上述情形激憤不已，與伊藤博文、山縣有朋等人以下關為據點舉兵，與藩內的和平派交戰並取得勝利，並在桂小五郎（木戶孝允）、廣澤真臣、前原一誠、井上馨等人的協作之下掌握全藩大政，力求一雪之前的恥辱。因此幕府於慶應元年四月，決定再次征伐長州；然而此時的幕府已是極端衰弱、半身不遂的狀態，已然顧不上認真思考行事之進退了。

在這期間薩摩與長州之間達成了相互諒解，也就是薩長之聯合確立。長州藩代表木戶孝允與薩摩藩代表西鄉隆盛，兩人都是歷經危難而得以死裡逃生的人。木戶在元治元年六月京都三條大橋附近的池田屋中遭受新撰組襲擊的時候，千鈞一髮之際死裡逃生，隨後在七月的蛤御門之戰中，也是不可思議地與死神擦肩而過；西鄉隆盛在安政大獄開始之時，得僧人月照的幫助逃回薩摩，但是因為藩當局想要將月照處死，重情重義的西鄉遂於安政五年十一月十五日傍晚與月照一起打算投海自盡，然而還是被船長救起，月照不幸未能生還，唯獨西鄉不可思議地一息尚存、活了下來。木戶孝允與西鄉隆盛二人，在土佐的阪本龍馬從中協調之下，達成了薩長同盟的約定。這是慶應二年正月的事情。對於僅一個長州藩尚且沒法處罰而十分苦惱的幕府來說，薩長同盟的達成，與其說是讓未來變得更加危險，不如說是讓幕府完全陷入了絕望的境地。在這樣一種悲涼的運勢之中，慶應二年七月，將軍家茂病逝，之後一橋慶喜繼位成為將軍。雖然慶喜是以英明而聞名於世的人物，可是那是在安政大獄之前，而時至今日，慶喜即便是出任將軍一職，也已然無計可施了。然而上天還是降下大任於此人，要他來完成一項重要的工作，那就是大政奉還。

然而，就在事情朝著這一方向推進的時候，慶應二年十二月，日本遭受了非常重大的不幸，那就是孝明天皇的駕崩，享年三十六歲。天皇陛下享祚凡二十一年，適逢內外多事之秋，多災多難，幾乎沒有過一天安穩無事的日子；可是天皇時常為國體之安全與國民之幸福進行祈禱，對他如此宏大之心胸，全國上下無不感激涕零，尊仰愛戴以圖報其大恩，正是如此才使得朝廷的威儀日益增加。

◎明治維新

明治天皇

明治天皇降生在嘉永五年九月二十二日（後換算為太陽曆的話是十一月三日）。從很早之前就一直祈禱順產的佐久良東雄，在得知天皇平安無恙的時候，感激涕零地詠歌如下：

天照らす　日嗣の皇子の　命ぞと
深く思へば　涙し流る
（天照日嗣皇子命，深思若此淚雙流。）

這位「日嗣」的皇子，在慶應二年十二月二十五日其父皇孝明天皇駕崩之後繼承大統，於次年慶應三年正月九日行踐祚大禮，登基為第一百二十二代天皇，其時聖年十六歲。

孝明天皇與明治天皇父子二人之間，在心繫守衛國體、安定國民的這一神聖精神方面一以貫之、毫無變化。不過此時時勢已經發生了變化。到孝明天皇在位之時為止，在相當漫長的時間裡，政治都是由幕府進行獨裁專斷的。況且還不僅如此，就連朝廷做任何事情也都不得不受到幕府的干涉。比如說修學院的離宮，也就是天皇陛下的別墅，但是天皇陛下去那裡行幸，幕府還要附加上兩個條件。其一是行幸次數僅限於春、秋各一次，其二是幕府的派出機構所司代需要陪同前往，不符合這兩個條件的情況下天皇就沒法自由地行幸。而直到享保十年幕府才終於又追加了一次，天皇可以每年行幸三次。而就是在這樣一種狀態下，孝明天皇自打登基之後，便深深憂慮於外交問題的嚴重，遂向幕府傳達了必須正確予以處理的旨意。這一行為在二百數十年的時間裡堪稱破天荒的一次。而在孝明天皇持續二十一年的治世之中，雖然最初僅僅針對對外問題進行籠統的指導，不過之後則變為具體性地指導幕府的人事，以至於推舉慶喜為將軍的輔政職，通過冠以政事總裁職一名賦予慶永大老之職權等。原本一直受到幕府束縛的朝廷，在孝明天皇這一代中，終於回到了高高居於幕府之上，並對其進行指導的方正姿態。這於國體之上原本是理所當然的，不過時勢的這種激蕩變換，說起來也的確令人震驚。

對於這種局勢，孝明天皇已經龍顏甚悅，並未有過進一步推翻幕府的想法。這是孝明天皇對於外交問題深感憂慮，並不希望國內社會動盪；同時，這也是公卿之中有很多人希望幕府繼續存在，主張討幕之人遭到了排擠的結果。然而等到第二次長州征伐的時候，人們在認識上有了重要的變化。那就是事情到了幕府的命令完全沒辦法執行，就連選定征伐的總督也沒有人肯擔當的地步，也就是說幕府已經半身不遂，失去了處理危難困局的能力。

大政奉還

明治天皇登基之後，在這之前被排擠的人們紛紛被召回了朝廷。於是，到了春天的時候，以有棲川宮、山階宮為首的四十餘名公卿得以解除幽閉處罰而回歸朝廷；到年末，三條實美等遭到驅逐的七卿眾人紛紛回京。其中尤為重要的一位是一直蟄居於岩倉村的岩倉具視，他此前只被允許三個月返回京都一次，到十一月的時候終於獲准在其京都宅邸居住。從今以後國家的重大事件都是以這個人為中心做出判斷、進行策劃的，以他為中心達成協議，並將協議予以推進的眾人，包括薩摩的大久保利通、西鄉隆盛，長州的廣澤真臣、品川彌二郎等人，他們主張徹底的討幕政策。還有同樣主張大改革，並與上述人物保持溝通的土佐藩與安藝藩眾人，不過比起武力討伐來說他們更傾向於和平解決幕府問題。不管怎麼說，在「國無二王，家無二主，政權應歸一君」以及「並無以將軍一職理天下萬機之道理」這一點上，大家是一致的。之後到十月十四日，討伐幕府的密敕，以及懲處會津、桑名兩藩主的「御沙汰」書被下達給薩、長兩藩，長州的廣澤、福田、品川，薩摩的小松、西鄉、大久保六人，代表兩藩拜受敕書，還在回覆敕旨的「御請書」中，特地添上了感激涕零無以復加的話語。

見此情形，土佐的山內容堂，緊急向幕府進言大政奉還之策，安藝的淺野也隨之效仿，越前的松平慶永也隨即思考這一政策，並將其作為提案上呈了。由此將軍慶喜也最終下定決心，於慶應三年（一八六七）十月十四日上奏朝廷，表達了「更改從來之舊習，奉政權複歸朝廷，廣進天下之公議，仰仗天皇聖斷，同心協力，共同保護皇國」之宗旨。這一奏書次日得到了朝廷敕許，「大政奉還」之事由此決定了下來。

於是朝廷開始廣泛召集諸侯，命令諸藩速速上京以便對今後之政務進行協議；然而實際上應召而來的只有薩摩、安藝、尾張、福井、彥根以及京都周圍的小藩而已，剩下的大多諸藩，或是還沒有做出該如何是好的決斷，或是念及德川氏的恩義而表明了拒絕朝廷召喚的態度。在這巨大的危機之時，薩、長二藩應召率大軍上京，加上尾張、福井、安藝三藩之兵，合五藩之武力拱衛京都，由此朝廷之決斷才得以施行。十二月九日，朝廷下達「王政復古」的大號令，廢除以往的攝政、關白、幕府，新設總裁、議定、參與三職，以此打理政務萬機。號令表明了全部以神武天皇創業伊始之政策為基礎，文武無上下之別，以遂行公議之大方針，任命熾仁親王為總裁，晃親王、純仁親王、中山忠能、正親町三條實愛、中御門經之、尾張的德川慶勝、越前的松平慶永、安藝的淺野茂勳、薩摩的島津茂久為議定，另外任命大原重德、岩倉具視等公卿五人為參與，尾張、越前、安藝、土佐、薩摩各藩士之中各選出三人分別任職。

對於此番決定，土佐的山內容堂表示出了極大的不滿。就在當夜前往天皇小御所，總裁、議定與參與們召開會議之時，容堂提議也應該讓德川慶喜參加會議，在大原重德對此表示反對之時，容堂則大聲言道，此番變革艱險如此，須以彰顯武力才得以進行，然擁戴幼小之天子、聽憑調遣的又是誰？對此，岩倉具視嚴厲叱責了容堂的無禮，容堂也因為失言而認錯。此事雖然就此結束，但是尾州、越前、安藝等藩的人們也大多都與容堂的意見很接近，一時間議論紛然不決，不過最終還是得出了要求慶喜先辭退官位、歸還領地作為表鑒忠誠的證據，然後再召其來議論政事的決定。有名的「小御所會議」，說的就是這個時候的事情。

德川幕府的末路

當時慶喜就住在京都的二條城，而王政復古的大號令下達之後，朝廷不僅廢除幕府，而且要求慶喜辭退官職與返還領地的消息就暗暗傳開了。駐紮在二條城的幕府兵也好，在京的會津、桑名的藩兵也好，全都激憤不已，慶喜預感說不定會就此發生暴動，於是在十二日的夜裡從二條城出發，次日進入大阪城。

辭退官職尚在其次，關於領地的返還則有很多非議。在這個問題上，為了在朝廷和大阪之間進行交涉妥協工作，尾張和越前兩藩奔走活動。在這期間，薩、長兩藩與德川氏之間的主戰論甚囂塵上。而就在妥協工作總算完成，慶喜就要再次上京的時候，京都、大阪之間已經是戰雲密佈。明治元年正月三日，德川方一萬五千人，分兵鳥羽、伏見兩處朝京都進兵。薩長聯軍合計一千五百人以為防禦。戰事一觸即發，然而德川一方雖然擁有大軍，卻很快敗退了下來。慶喜最初並無戰意，即使在老中板倉伊賀守勸其進行決戰的時候，也是反問「此時哪裡還有能與西鄉、大久保對抗之人」，伊賀守回答道「並無」，慶喜則告誡其曰「那麼雖戰亦是敗北而已，故絕不可主張開戰」，在鳥羽、伏見之戰的時候慶喜也閉居於大阪城內。等到聽聞戰事明朗、德川兵敗，慶喜不由得悲歎自己無緣無故就背負了逆賊的名聲，此時會津藩士神保修理勸其火速返回江戶，於是正月六日夜裡，慶喜在會津、桑名兩藩主和酒井、板倉兩老中的陪伴下秘密出城，乘上軍艦開陽號返回江戶，二月十二日從江戶城出發，到在上野的東叡山謹慎蟄居。

鳥羽、伏見一戰，德川氏被賦予賊名，討伐就變得容易了。於是總裁有棲川宮任東征大總督，西鄉、廣澤等任參謀，率領大軍東下江戶。江戶城之中，主戰派雖是多數，但陸軍總裁勝安房守[31]看出慶喜的本意是歸順朝廷，於是壓下了主戰派的輿論。率領精銳衛隊的山岡鐵太郎通過勝海舟的引介，艱難地穿過討伐官

31　即後文的勝海舟。——譯者注

軍的封鎖線，於三月九日趕赴駿府（靜岡），面見西鄉隆盛告知慶喜的本意，請求其做出穩妥的處理方法，西鄉則馬上答應了下來。於是西鄉隨後進入江戶，勝海舟在三月十四日與其會面進行交涉，其結果是西鄉決定從第二天開始停止攻擊江戶城，由此江戶得以免於戰火摧殘。

終於到了四月十一日，這一天是值得紀念的一天。就在這一天黎明未明之時，前將軍慶喜自東叡山出發到水戶隱退；到黎明之時，江戶城被交托到了官軍的手中。天正十八年八月朔日，家康入城以來，至此二百七十八年，作為德川家的大本營而睥睨天下的江戶城，從這一天開始徹底與德川氏脫離了關係。

對於幕府的廢止感到不滿，認為這是薩、長兩藩的肆意所為而加以戒備的眾人，在江戶城內、關東各地以及奧羽地區等地紛紛舉兵想要進行抵抗。然而前將軍慶喜已經徹底歸順之後，這些抵抗也就相繼遭到了鎮壓。堅守上野的彰義隊於五月十五日遭到討伐，以仙台、米澤為中心結成的奧羽二十五藩同盟也在六月到七月之間相繼崩潰，抵抗最為頑固的會津也在四面楚歌的狀況下於八月投降，舊幕兵最後的據點箱館（函館）的五稜郭也於明治二年五月十八日在榎本武揚與大島圭介等人投降之後告破，所有的抵抗由此最終結束。

在會津攻城戰中官軍攻入城中之時，發生了兩件將永遠引人淚下的悲劇。一件就是白虎隊的自盡。這是全部由十六七歲的少年組成的部隊，在戰鬥中死傷慘重敗退下來，倖存的二十名隊員在打算進城而登上飯盛山的時候，俯瞰到遭到炮火轟擊、被濃煙包圍的會津城，以為城已失守，於是一齊向城中跪拜之後，或是切腹自盡，或是互相刺殺而亡。另一件則是婦女們的自盡。官軍的男人們手執武器進入城內，留在家中的婦女們感到羞恥異常而紛紛自盡。會津家老西鄉賴母家中，老母五十八歲，妻子三十四歲，妹妹二人分別為二十六歲和二十三歲，女兒五位分別是十六歲、十三歲、九歲、四歲、兩歲，上述九人，加上寄居於此的親戚十二人，一共二十一人全都自盡。這是最知名的例子，除此之外婦女們自盡的事情在其他家裡面也有很多。

箱館之戰中，值得注意的是中島三郎助父子的赴死一事。中島是在培里來航的時候，真正意義上最早登上軍艦進行應對的第一人，是日本最早操練海軍之人，是就連木戶孝允也敬重佩服的英傑人物，然而他「未能忘卻德川家至大之御恩澤」，與長男（二十二歲）、次男（十九歲）二人共同奮戰，直至英勇赴死。這件事與奉行川路左衛門尉在聽說明治元年三月十五日江戶被移交給官軍之時慨然自盡這一知名事件一起，成為德川幕府最後的一抹亮色。

五條御誓文

上節將幕府的末路整理陳述至此，現在開始回到主題內容，說說朝廷令人拍手叫絕的新政。明治天皇於明治元年正月十五日十七之時元服成人，其後於三月十四日，率百官出紫宸殿，立國家大政方針五條，向天神地祇宣御誓，這被稱作「五條御誓文」，內容如下：

一、廣開會議，萬機決於公論。
二、上下一心，盛展經綸。

三、官武一體，以至庶民，各遂其志，毋使人心倦怠。

四、破除舊有之陋習，一本天地之公道。

五、求知識於世界，大振皇國之基業。

在宣佈上述五條誓言的同時，明治天皇還向群臣下達了御筆宸翰，其主旨在於，自中世以來，人們雖然表面上尊奉朝廷，實則對其敬而遠之，故而君臣之間相隔甚遠，並未有君臨天下之意；如今適逢朝政一新之時，國民之中但凡有一人未能得其所，便是天皇之罪過，故而天皇苦心孤詣以思策行良政；諸位大臣可認真領悟此方針，去除私見，以用公義，輔助天皇，保全神州，以此告慰歷代天皇之神靈。這篇御筆宸翰，與五條御誓文一樣，乃是非常重要的文獻，特別是其中有「天下億兆，一人未能得其處之時，皆乃朕之罪過」之御筆，此乃外國所未曾見者，皇國政治之尊嚴也由此可見一斑。

四月二十一日，朝廷依照敕命修建湊川神社，開始祭祀楠木正成。這既是承襲了之前孝明天皇尊祭和氣清麻呂一事，又成為之後相繼尊祭新田義貞、菊池武、名和長年、北畠親房以及同姓顯家等人的先例。將這些往日的忠臣神格化加以祭祀，或是追贈官位等，讓之後來到日本的拉夫卡迪奧．赫恩（Lafcadio Hearn，後稱小泉八雲）發出了由衷的感歎。

至五月，由於慶喜讓位，德川本家由家達作為當主。天皇封本家於駿府（靜岡），並授七十五萬石。過去號稱八百萬石的德川本家，至此也只不過比御三家的尾州家僅僅高出一點而已。

八月二十七日，明治天皇在紫宸殿中依照古來儀軌，舉行了即位儀式；九月八日，改年號為明治。在此之前一直稱慶應四年，從這以後則上溯回推，將這一年定為明治元年。另外，在此之前每位天皇一代之中會使用數個年號，此時明治天皇針對這一點做出決定，從此之後一代只使用一個年號。

到九月二十日，天皇自京都出發，到十月十三日抵達東京，以江戶城為皇居，並決定將其更名為東京城。江戶改名為東京，並確立為帝國首都一事[32]，乃是在七月十七日的詔書之中已經決定了的事情，但是關東地區無論是鎌倉還是江戶，在漫長的時間裡都是武家的大本營，京都方面對此十分抗拒；但是在打倒了幕府的同時，決定要將江戶作為帝都以號令天下一事，其實是朝廷斷然執行聖意的表現，並且還為全國百姓提供了身心一新的機會，乃是非常重要的事件。

廢藩置縣

雖然如上述一般各種改革在逐步進行，不過主要都是針對幕府所進行的，除此之外的大名則還殘留著原來的模樣。他們在大約兩三百年的時間裡領有固定的土地，土地及其人民都作為他們的私有財產一樣的形式而存在。於是，有心之人從很早以前就開始提倡「版籍奉還」的必要性。版就是指土地，籍則是指人民。土地與人民並不歸大名私有，因此有必要上交歸還給朝廷，這便是版籍奉還的主張。不久之後，在明治二年正月，薩、長、土、肥四藩首先明確了這一意向，聞

32　日本至今從未明確規定過首都的定義以及東京的首都地位。——譯者注

聽此事的諸藩也相繼提出建議，於是在六月十七日朝廷允許諸藩版籍奉還。朝廷讓藩主成為藩知事，按照與從前一樣的方式在當地行使行政權。這一時期成為藩知事的有二百七十六名。

全國土地全部歸天皇所有，藩知事不過是根據天皇的任命而掌管行政的官吏而已，雖然朝廷已就此向民眾進行了說明，但是土地也好人民也好，在幾百年間固定並緊密地依附著大名，因此從實質上看還是大名的權威更高，並不能形成中央集權。朝廷如果要實行真正意義上的王政復古、百事一新的政治，就有必要革除全部的藩，在全國推行直轄管理。有感於這種必要性的人們雖然有很多，但是就在事情本身過於重大而難以說出口的當時，島尾小彌太與野村靖等商量之後拜訪山縣有朋，向他說明廢藩置縣的必要性並獲得其同意，此外又說服了井上馨。而如果想要將其施行，則必須得到木戶與西鄉兩位參議的認可，首先山縣去遊說西鄉。西鄉默默地聽完山縣的話，最後回答道「好吧，如果木戶君同意的話」。而跑去找木戶的井上在說完之後，也得到了木戶「贊成，只要得到西鄉君的理解的話」這樣的回覆。六個人達成了一致。於是在明治四年七月九日的傍晚，除了西鄉、大久保、山縣、井上之外，還有西鄉從道、大山嚴等人，聚集到位於九段的木戶宅邸進行商談，秘密地進行準備，在得到了敕許之後，七月十四日將藩知事一同召來，在天皇面前，傳達了罷免知事的命令。以薩、長、土、肥為首，藩知事一同伏地拜受敕命。木戶見此情形感慨不已，甚至不自覺地潸然淚下。令人驚歎的明治四年（一八七一）七月十四日，數百年間形成的割據之勢，本以為難以廢除難以更改的近三百藩，以此日為限統統廢除，全國統歸朝廷直屬。而且這一政策居然是在毫無抵抗、無人不滿的情況下順利推行的。當時的英國公使帕克斯（Parkes）見到這一情況，驚歎道：「如果這是發生在歐洲的話，必然會導致持續數年的戰亂吧。」

◎西鄉隆盛

維新政府的分裂

德川幕府被廢除，大政回歸朝廷，三百諸侯之職務也被免除，全國的土地與人民悉數歸於天皇直屬。到此為止，朝廷理應毫無顧慮地朝著治國之大政方針推進，逐步落實可以施行新政的政治體制。然而，就在這時突然發生了出乎想像的阻礙，不只是歷時數年的糾紛，甚至釀成了血流成河的爭鬥。在明治維新中立有大功的重臣之間相互的仇怨導致了這一局面的出現。

問題起於明治四年朝廷派遣全權大使前往歐美各國一事。朝廷打算在世界上探求知識以便大幅提振皇基，為此要對歐美的物質文明及相關制度進行考察。此外，安政五年的通商條約許諾了外國人的治外法權以及關稅由相關國家協商議定的內容，這嚴重損害了日本的利益，因此朝廷也希望向各國提出改正條約的請求，故而首先要派出全權使節，在考察歐美各國文明的同時，深化與諸外國之間的友好關係。於是在明治四年十月，朝廷任命右大臣岩倉具視為特命全權大使，參議木戶孝允、大藏卿大久保利通、工部大輔伊藤博文、外務少輔山口尚芳為副使。關於木戶和大久保兩位人選之事，因為有板垣和井上的反對而一時難以決定，但是在西鄉的力排眾議之下反對的聲音被壓下，二人得以順利出發。然而，就在出發的時候，使節一方與留守一方之間簽訂了一份契約書。契約的主要內容是雙方一致，經常保持聯絡，在大使出行期間不進行新的政治改變，即使產生部門長官的空缺也不進行補任或是增加官吏人數等行為，可是顯然這一約定是難以遵守的。原因在於，大使一行人的出發時間是明治四年十一月，返回日本的時間則是明治六年的九月，也就是出訪長達約兩年。在這段時間裡，留在朝廷的人有太政大臣三條實美，參議西鄉隆盛、大隈重信、板垣退助，議長後藤象二郎，大藏大輔井上馨，兵部大輔山縣有朋等。僅僅這些人物要應對兩年充滿變化的變革時代，怎麼想都是不可能的。結果到明治六年四月，後藤、大木、江藤三人被任命為新任參議。此時朝鮮出現了問題。明治維新一開始，朝廷就向朝鮮[33]發出了大政已經回歸朝廷的通告，然而朝鮮只知有幕府而不知有朝廷，於是拒絕接受朝廷的通告書，表現得非常無禮。因此木戶孝允等人認為即使通過武力手段，也有必要對這種無禮行為進行警告勸誡。其後，又產生了很多的問題，朝鮮方面的無禮行為只增不減，一般的外交人員受到朝鮮的愚弄而難以進行交涉。於是在明治六年六月十二日，三條太政大臣與西鄉以下的諸位參議進行商議。在商議的過程中，板垣主張即刻出兵，西鄉則將其主張壓下，認為首先應該穩健又不失威嚴地派出使節進行交涉，並申請由自己擔任這一使節，西鄉的主張作為最終決定得到推行。大久保於五月二十六日歸來，木戶則於七月二十三日歸來，然而不可思議的是他們誰都沒有觸及上述問題，而是頑固地等待岩倉的歸來，直到陣容齊整之後，他們在十月十四日召開會議，會上雙方發生了激烈的爭執。對此深感憂慮的三條一病不起，隨後岩倉出任太政大臣代行，十月二十二日之前的會議決定遭到全盤否定，於是西鄉於當天，板垣、副島、後藤、江藤則於次日全部辭去了參議一職。

伴隨而來的是最先在佐賀發生的叛亂。江藤新平聚集了一萬二千人，一時間造成巨大的騷動，不過這次騷動到三月末被逐漸平定。明治九年十月熊本的「神風連」、萩的前原一誠於同一時間舉兵，秋月也與其呼應而起。在這些人全都遭到鎮壓之後，明治十年二月鹿兒島之兵跟隨西鄉大舉進軍，試圖上京，雖然各地的激戰一直持續到了九月，但以九月二十四日城山陷落、西鄉隆盛自盡為止，以武力反對政府的運動由此宣告終結。

分裂的原因

關於向朝鮮派出使節的問題會出現如此激烈的紛爭，實在是不可思議的事情。通說認為，從當時的國情來看，並不應該對外出手，而應該秉持全力專注於

33 作者在此後均使用「韓國」一詞來指稱當時的「朝鮮」，翻譯時均根據史實改為「朝鮮」。——譯者注

內部治理的方針，由此只好排除西鄉、板垣、江藤等人了。然而西鄉等人辭官離開是在明治六年的十月末，在這之後明治七年四月政府便出兵臺灣，清朝對此提出抗議，參議大久保親自前往北京進行談判，在得到補償金之後撤兵；八年五月政府與俄國進行了千島與薩哈林的領土交換；同年九月，江華事件爆發，黑田清隆與井上馨被派遣至朝鮮談判。由此可見，認為日本當時的政策是專注於內部治理，延遲所有與外國事關重大的交涉這一說法是明顯不成立的。

此外，認為這是通曉世界大勢的人與不知曉世界大勢的人之間的爭鬥，這一說法也說不通。原因在於跟隨江藤於佐賀發難的人中有香月和山中兩位人物。香月經五郎於明治三年留學英國，六年十二月回國；山中一郎於明治四年留學法國，六年九月回國。回國之時，二人都是二十五歲的青年才俊，飽受諸方期待；卻追隨江藤舉兵，最終難免死刑。另外，與西鄉共同舉事之人中有一位叫作村田新八。村田本是宮內大丞，作為岩倉大使的隨員與木戶、大久保一同赴歐美視察，回國之後適逢重臣分裂，卻背棄了大久保而回歸鹿兒島，與西鄉同生共死。

由此觀之，這一分裂未必就是進步派與保守派的爭執。那麼，究竟是什麼原因導致了分裂呢？恐怕還是因為感情上的裂痕吧。

如果說薩、長之間未達成聯合的話，推翻幕府大概就不會這麼容易了吧。這一聯合是由木戶與西鄉之間的和議而達成的。當時，木戶極盡口舌之能，痛斥薩摩的態度。而與之相反，西鄉則是一點兒也不生氣，默默地聽著，以極大的度量保持了寬容克制。另外，幕府大政奉還，毫不抵抗地將江戶城移交給官軍，這件事雖然與末代將軍慶喜原本生於水戶，接受了光圀以來的勤王精神有關，但倘若官軍之中沒有西鄉的話，想必就算是慶喜也沒辦法壓制幕府軍反抗的熱潮，那麼江戶就不會如此順利地平穩移交，大江戶八百零八町也會葬身火海了吧。西鄉隆盛，就是如此偉大的人物。

另外，明治元年秋天，庄內藩投降官軍，藩主酒井氏前來致意之時，西鄉絲毫沒有勝利的傲慢，而是穩妥地加以接待，完全讓人感受不出孰勝孰敗。因此庄內眾人無不心服於西鄉，在明治十年之時亦有二人心甘情願地為西鄉而戰死。此外，如前所述一般，從在安政大獄之時為救月照而苦心謀劃，發現實在無計可施之後則要與月照死在一處以成全友情，以身投海的例子之中，也能夠看到此人的古道熱腸了吧。逼迫這樣偉大的西鄉不得不以身披賊名的身份而自決身亡，實乃明治一代之中屈指可數的污點之一。

那麼，是否有什麼方法能避免出現這樣的污點呢？如果橋本景岳還在世的話，或許可以避免重臣之間的分裂，使雙方順服吧。西鄉心悅誠服之人，便是比自己還年少的景岳。就算到了明治十年自決之時，西鄉依然片刻不離地隨身攜帶著二十年前得自景岳的書信。景岳的見識與人格魅力，擁有足夠能讓西鄉與木戶、大久保之間保持融洽關係的力量。此外，如果吉田松陰還活著的話，就可將他的門人前原一誠引向不至於淪為亂臣賊子的方向。前原乃是松陰所信任喜愛的弟子，明治元年成為官軍參謀，二年任參議。木戶也是學習松陰的兵學之人，讓木戶與前原之間關係緩和，對於松陰來說也是完全可能的事情。

矗立於明治的重臣之間，或者甚至說在他們之上，足以對這些人物進行指導的橋本景岳和吉田松陰都於安政六年被斬首，真木和泉守於元治元年自盡，此外，完全能夠在恐怖的局面下愉快地進行周旋的阪本龍馬也於慶應三年十一月遭到暗殺，到明治六年，上述這些人物無一倖存。因此，佐賀之亂、萩之亂爆發，造成了大量的戰死者與受刑者，西鄉舉兵之時，薩軍死傷兩萬，官軍死傷一萬五千，國家付出了極其慘重的代價。

明治七年江藤被斬首的時候，年四十一歲；九年前原謝世之時，年四十三歲；十年西鄉自盡之時，五十一歲。然而災難並未就此終結，待至來年的明治十一年五月十四日，參議兼內務卿大久保利通四十九歲遇刺身亡，木戶孝允則於更早的明治十年五月四十四歲急病而歿，本應輔佐大政之人物，在這數年之間相繼謝世，朝廷迅速地沉寂了下去。明治天皇陛下，無疑也對此深感哀傷吧。

◎明治天皇

帝國憲法頒佈

明治維新之大業，雖其基業得以奠定，但自此之後本應開始躍進式的發展之時，曾建大功的重臣之間因為感情上的矛盾而產生隔閡，結果半數下野，下野之人中又有半數被定為國賊而遭到討伐，其餘的半數則以激進的言論對政府進行攻擊，新政陷入了這樣一種困局之中，實乃國家之重大不幸。此時，國民可以仰仗的指導者是誰呢？木戶也好，西鄉也罷，大久保也好，全都已經不在人世。一葉孤舟劃入了狂風巨浪之中，前程何向無人可知。

然而就在此時，維繫起全國民眾的信念和希望的正是明治天皇陛下。適逢非常之國難時，明治天皇陛下的御德愈發熠熠生輝。天皇之御德，並不是自下生以來就有的，但陛下勤勉好學，因此成果卓絕。在此，讓我們拜覽明治元年陛下之日課作為一例吧。明治元年十月，陛下東京行幸之後的日課如下：

一六之日，休息。

二七之日，晨習書法，晝習《史記》。

三八之日，晨習《保建大記》，晝乘馬。

四九之日，晨習書法，晝習《神皇正統記》。

五之日，習《資治通鑑》。

這一年天皇十七歲。為其進講《史記》者為秋月種樹，進講《神皇正統記》者為福羽美靜。其後陛下不斷命人進侍講讀，內容包括：《日本書紀》《書紀集解》《皇朝史略》《國史纂論》《論語》《大學》《中庸》《五經》《春秋左氏傳》《貞觀政要》《唐鑑》《名臣言行錄》《十八史略》《萬國通史》《法國政典》《西國立志編》等。

為陛下進講的人中包括副島種臣。在副島因為生病而提出辭任進講的請求時，天皇賜下親筆宸翰進行挽留，其中便有「朕聞之不堪愕然，卿何以至此；朕問道勉學，豈一二年而止耶，將竭盡畢生之力也，則卿亦宜誨朕而不倦矣」一句。

陛下精通於和歌之道，乃是無人不知無人不曉，在此將安政四年陛下年方六歲之時所詠頌之和歌傳習於下：

月見れば　雁が飛んでゐる
水の中にも　うつるなりけり
（中秋觀月雁南行，倒影亦見水波中。）

這是多麼令人愉快的和歌啊。後來陛下又創作了許多令世人所尊敬的著名和歌，在其一生之中，陛下御製和歌共計九萬三千零三十二首，絕對是空前之舉。

這其中包括：

手習を　ものうきことに　思ひつる
をさな心を　いま悔ゆるかな
（曾厭修習書法事，如今可悔幼時心。）

竹馬に　心ののりて　手習に
おこたりしよを　いまおもふかな
（心愛竹馬倦習字，事到如今若何思。）

讀到這樣的和歌，就可以真切地理解陛下御製和歌是多麼重視真實的感受了。

をさなくて　よみにし書を　見るたびに
教へし人を　おもひいでつつ
（每見幼時所讀書，便思其時教書人。）

這首和歌與賜予副島的親筆宸翰一樣，從中可以感受到陛下對進講的人們那種溫暖之情。

集まると　見れば離るる　大空の

雲にも似たる　ひとごころかな

（見其聚集卻分離，人心好似空中雲。）

對於明治六年重臣之間的大分裂，天皇陛下無疑懷有深切地惋惜之情。陛下婉拒了西南戰爭中得勝而歸的軍隊三呼萬歲，並允許在上野為西鄉建立銅像，並最終於憲法頒佈之日，去除了西鄉的賊名，追贈其正三位的官位等，這些都是因陛下的歎惋深情而得以實現的。

動きなき　神路の山に　万代を

民とともにも　われはいのらむ

（磐石不動神路山，萬代同民如我願。）

就在創作這首和歌期間，天皇於明治九年九月六日，向元老院議長熾仁親王下達敕令，命其起草憲法，並指示憲法的總方針為基於日本建國之國體，同時參考海外各國的成文法律。明治十四年的時候，右大臣岩倉具視也對這些內容進行了深入的研究，回溯日本的歷史，權衡外國憲法的利弊，進而提出確立其根本性質的憲法宗旨。作為「最後的奉公」，岩倉在完成這一工作之後，於明治十六年七月病逝，享年五十九歲。依照岩倉所確立的憲法大方針，參議伊藤博文帶著更加精確地研究各國憲法的使命，於明治十五年三月出發考察歐洲各國，並於十六年八月回國。其間伊藤收穫的最好的忠告來自奧地利的施坦因（Stein）。

明治十八年十二月，政府改太政官制度為內閣制度，伊藤博文出任總理大臣，此前為止擔任太政大臣的三條實美則改任內大臣。然而伊藤想要專心從事憲法的審議工作而於二十一年四月辭任總理大臣，改任樞密院議長。在這樣的努力之下，終於在明治二十二年二月十一日，也就是神武天皇紀元之紀元節這一天，帝國憲法得以頒佈。憲法共分為七章，這裡從第一章「天皇」部分摘錄個別條目列舉如下：

第一條大日本帝國，由萬世一系之天皇統治。

第二條皇位依照皇室典範之規定，由天皇之男性子孫繼承。

第三條天皇神聖不可侵犯。

第四條天皇為國之元首，總攬統治權，依本憲法條規行之。

第五條天皇以帝國議會之協贊行使立法權。

第六條天皇裁定法律，並授命公佈及執行之。

第十一條天皇統率陸海軍。

第十三條天皇行宣戰、媾和及締結各種條約之權力。

第十五條天皇授予爵位、勳章及其他榮典。

第二章為臣民權利與義務，第三章為帝國議會，第四章為國務大臣與樞密顧問，第五章為司法，第六章為會計，第七章為補則。

這裡值得注意的是，天皇的大權在這部憲法當中並無任何增減之處。當時，伊藤博文著《憲法義解》，言道憲法所列舉之大權並非新設之意，而是對固有之國體通過憲法加以確認和表現而已。同時，天皇也並非從此時才開始成為立憲君主的，而是原本就並非專制君主。也就是說，與天皇相關的內容仍舊依照原有的樣子，只不過是在憲法之中成文化了而已。

教育敕語

憲法頒佈之後的第二年，也就是明治二十三年七月，日本舉行了第一次眾議院議員總選舉，十一月第一次帝國議會開幕。然而此時出現了一個問題，就是道德意識的衰微。維新以來，人們熱衷於破除既有陋習，採納西洋的文明風物，已然歷時二十餘年，日本所固有之教誨被拋棄難以找回，人們熱衷於追求新奇，執著於功利，主張自身權利的風氣高漲。天皇陛下於明治十九年十月行幸帝國大學，慨歎與洋學之進步相對，和漢修身之學問則未見有踐行者，遂下問於總長，這促成了帝國大學在明治二十二年開設國史學科的結果。

正如這樣的行動一樣，天皇陛下為了振興國民之道德，考慮就此下賜敕語，最終於明治二十三年頒行天下。被稱作「教育敕語」的有如下內容：

朕惟我皇祖皇宗，肇國宏遠，樹德深厚。我臣民，克忠克孝，億兆一心，世濟其美。此日本體之精華，而教育之淵源，亦實存乎此。爾臣民，孝父母，友兄弟，夫婦相和，朋友相信，恭儉持己，博愛及眾，修學習業，以啟發智能，成就德器。進廣公益，開世務，常重國憲，遵國法；一旦緩急，則義勇奉公，以扶翼天壤無窮之皇運。如是者，不獨為朕重量臣民，又足以彰顯爾祖先之遺風矣。斯道也，實我皇祖皇宗之遺訓，而子孫臣民之所當遵守，通諸古今而不謬，施諸中外而不悖。朕庶幾與爾臣民，俱拳拳服膺，咸一其德。

明治二十三年十月三十日

御名　御璽

天皇在這一天將總理大臣山縣有朋與文部大臣芳川顯政召入宮中，親切地授予敕語，但是敕語上並沒有大臣的副署。也就是說，這一敕語是略過大臣、由天皇直接向臣民發出的呼籲。

如上所述，通過憲法確定國家之根本，通過敕語指導國民之精神，人們前進的方向得以明確，於是人們日夜努力，希望能夠回應天皇陛下的期待。西鄉、大久保相繼入土，木戶、岩倉前後病逝，失去了維新元勳們的朝廷雖然有些許寂寞，然而取而代之的是在明治天皇陛下的直接統率下，全國國民團結一致，確立起了無論面臨怎樣的苦難也都能夠克服的體制。

人もわれも　道を守りて　かはらずば
この敷島の　國はうごかじ
（眾人於我皆守道，得保吾國不動搖。）

ちはやふる　神の御代より　ひとすぢの
道をふむこそ　うれしかりけれ
（萬千神代不足道，惟守一統方可悅。）

國民は　ひとつ心に　まもりけり
遠つみおやの　神のをしへを
（國民合眾守一心，遠祖神明教如是。）

上述幾首皆是明治天皇的和歌。

◎兩大戰役

朝鮮半島

明治六年的重臣分裂，對各個方面都產生了極大的影響，不過其中動搖最劇烈、受損害最深的就是陸軍了。當時的陸軍中，大將僅西鄉隆盛一人。而就在西鄉辭任的同時，少將桐野利秋、篠原國幹以下眾多將校都辭職回歸鄉里，陸軍的威嚴劇減。然而殘存的陸軍很快振奮了起來。以中將山縣有朋為中心，軍隊展開重建工作，在一邊鎮壓內亂的同時，還潛心研究因為列強們的逼迫而風雨飄搖的亞洲局勢，為肩負起國防的責任而不懈努力。其中一個例證，就是觀察印度支那問題。法國侵入印度支那，並奪取其南部三省是一八六二年（文久二年）的事情，在此之後，法國勢力逐漸擴張，到一八八四年（明治十七年）的時候，安南全境淪為法國的保護國，為此清朝與法國之間爆發了戰爭。日本陸軍見此情勢，從很早就開始著手研究安南的歷史，等到清法開戰之時，則派遣武官進行考察。即便是對於印度支那也如此認真地加以研究，就更不要說對於鄰國朝鮮、清朝以及俄國了，日本絕不會放鬆對它們的注意。

本來，日本就是由沿亞洲大陸東邊分佈、呈南北走向的諸多島嶼相連組成的。不過如果將亞洲大陸以日本列島為中心劃定形態的話，便會發現有一個半島向中央方向突出，這就是朝鮮半島。因此對於日本來說，出於本國的安全考慮，對於朝鮮半島的動態必須時常保持關注。日本希望朝鮮能夠作為一個獨立的，同時與日本保持友好關係的國家而存在。然而，朝鮮半島受制於其自然的地形條件，很容易受到來自大陸的侵略，而一旦受到強大勢力的侵入，想要尋求援助之時，除了日本則別無他法。鑒於上述雙方情況，每逢半島發生危機之時，日本就會時不時地趕赴半島加以救援。無論是神功皇后，還是天智天皇，都以國運為賭注前去解救半島。而到了明治二十餘年這一時期，又出現了這種救援的必要。

當時的朝鮮存在著很多的弊端，其中一點是採取頑固的鎖國主義政策，對於世界形勢完全不了解，另一點則是過分信賴清朝的實力，變成了清朝的附屬國，這兩點是尤為重要的問題。朝鮮人之中也有不少反對以上政策，主張開放國門迎接世界文明，試圖從清朝獨立出來的仁人志士，而這些人所依賴的便是日本。明治十七年，朝鮮的獨立党首次成功組織政權，然而由於受到清兵的攻擊，僅僅三天即宣告失敗，這也意味著事大黨（主張從屬清朝的勢力）的勝利，秉持獨立主義的人們，或是遇害，或是遭到流放，僥倖得以脫逃的人們便跑到日本來尋求保護。其中最重要的人物便是金玉均。此人在隱居日本十年之後，被引誘前往上海，第二天即因為引誘之人而被槍殺。當時是明治二十七年三月二十八日，金玉均享年四十四歲。清朝向朝鮮發出賀電，並用軍艦將金玉均的遺骸運到朝鮮，朝鮮則將其屍體的手腳砍斷，梟首示眾。最為熱愛朝鮮，並祈願其獨立和繁榮的金玉均，受到了來自其祖國最為苛酷的待遇。

日清戰爭

時隔不久朝鮮爆發了東學黨之亂，陷入了內亂，而清朝為平定此亂，派遣大軍壓境，要求日本撤軍，由此爆發日清戰爭。明治二十七年（一八九四）七月二十五日，日本海軍在豐島沖與清朝軍艦交戰並取得勝利，隨後在二十九日，日本陸軍於牙山擊破清軍，八月一日天皇下達了宣戰的詔敕。

一旦開啟戰爭，則希望速戰速決；而如果想要速戰速決，則在清朝之中心部位擊破其陸軍主力為最優之策；然而只要清帝國海軍力量尚存，這一戰略就伴有極大的風險。從當時的海軍軍艦來看，清朝有戰艦兩艘，日本連一艘也沒有；清朝有口徑在八英寸以上的大炮二十一門，日本僅有十一門；清朝有裝備鋼鐵設備的軍艦六艘，日本僅有一艘而已。由此觀之，陸軍必須根據海軍的動向來作戰。

但是，日本海軍著實優秀。軍令部長為中將樺山資紀，聯合艦隊司令官為中將伊東祐亨，他們從很早開始就在為與清軍海軍主力進行決戰而暗自努力，在明治二十七年九月十七日，在黃海之中與清軍相遇，經過激戰擊沉清軍艦艇三艘，大破兩艘，其他艦艇也損傷嚴重，而日軍則一艦未失。到二十八年二月五日、六日的兩天之間，日軍乘坐水雷艇夜間進入清軍艦隊大本營威海衛軍港進行襲擊，擊破清軍旗艦定遠艦，擊沉其餘四艘艦艇；七日開始合全艦隊之力猛烈襲擊，其結果是清朝北洋艦隊司令長官丁汝昌降服，並將整個艦隊移交給日本之後自盡身亡，我方因此以厚禮將其埋葬。

陸軍方面，則根據海軍的動向展開對應行動。最初，第一軍由樞密院議長、大將山縣有朋兼任司令官，在野津中將率領的第五師團、桂中將率領的第三師團的指揮下，以將清軍驅逐出朝鮮半島為目的渡海而來，但是就在司令官到來之前，九月十五日，最先出發的第五師團獨自開始攻擊由清軍精銳一萬五千人所駐守的平壤，耗時一天的時間將其攻陷。接下來是鴨綠江之戰，這是十月二十五日的事情。清軍以二萬四千人和大炮八十一門，固守這一國境線，然而難以承受日軍猛烈的攻擊，僅僅抵抗一天便遁逃而走。

到了十一月，在遼東半島登陸的第二軍開始展開活動。司令官為大將大山巖，所屬部隊為山地中將的第一師團、佐久間中將的第二師團、長谷川少將的混成第十二旅團。第二軍攻佔金州、大連，並進抵旅順，在第二師團抵達之前，僅僅依靠第一師團與混成旅團，即於十一月二十一日半夜一點半展開攻勢，在中午之前全面攻陷旅順要塞。這並非正規攻擊方式，而是以「肉彈戰術」為主的強攻。四周環山，遍佈炮臺，擁大炮一百五十門、兵力一萬三千人，作為清軍要塞的旅順口僅僅半天時間就被攻佔。

到一月三十日日軍佔領威海衛炮臺，三月海軍佔領澎湖列島，另外第一軍則進擊遼河平原，各個方面連戰連捷。對此大驚失色的清朝於明治二十八年正月派出了講和使團，然而外務大臣陸奧宗光以這一使節並無全權委任狀為由拒絕進行交涉。清朝只好改派北洋大臣李鴻章為全權大臣，我方全權代表則是伊藤博文（總理大臣）與陸奧宗光（外務大臣）二人。談判進行了七次，至明治二十八年四月十七日達成合意，並簽署條約。這一講和條約，第一條是確保朝鮮國的完全獨立自主，第二條是將遼東半島、臺灣全島及其附屬諸島、澎湖列島永久割與日本，第四條是清朝向日本支付軍費賠償金兩億兩，全部條款共計十一條。該條約於五月八日批准交換，十三日對外公佈。

講和條約的第一條表明日清戰爭的目的是明朝鮮獨立，第二條尋求割讓遼東半島則是為了幫助朝鮮防衛來自背後的壓迫。然而對於這一點，俄國立刻提出了抗議。條約簽署之後第六天，四月二十三日，俄國、德國以及法國三國聯合，向日本發出放棄遼東半島的勸告的同時，俄國、德國、法國分別派出軍艦十二艘、兩艘、一艘，合計十五艘軍艦作為抗議的軍事保障。日本於是不得已接受三國之勸告，於五月五日發出通告。獲悉這一事情的日本國民無不悲憤落淚。

俄國以遼東半島為日本所佔有是為遠東永久和平之害為由，勸告日本將其歸還給清朝，然而僅僅三年之後的一八九八年（明治三十一年）三月，俄國旋即租借旅順、大連，在此設置軍港，構築要塞，以作為控制遠東的根據地。明治八年，日本毅然決然地完成千島、薩哈林領土交換之後，本以為北方問題得以解決，但已是親善友好關係的俄國讓日本嘗到了出乎意料的苦果。

日俄戰爭

到明治三十三年（一九〇〇）五月，中國爆發義和團之亂，反對基督教，排斥外國人，殺人放火狂暴至極，甚至清政府也無法對其進行鎮壓，於是日、英、美、俄、德、法、奧、意八個大國便分別出兵，商定協同自衛的策略。大規模的動亂歷時三個月終於結束，各國軍隊也相繼收兵，然而俄國與清朝結成密約，使其能在滿洲建設要塞，並進駐軍隊。日本、英國、美國都紛紛對此表示抗議，但是俄國不僅不予理會，反而派大軍陸續南下，到明治三十五年八月，更是在旅順口建立起了遠東總督府。

在日本，陸奧宗光於明治三十年八月年僅四十四歲病逝，等到日俄之間氣氛驟然緊張之時，明治三十四年九月，小村壽太郎被選定出任外務大臣。明治三十五年（一九〇二）一月三十日，日英同盟結成（諸位還記得橋本景岳的遠見卓識吧）。以此為背景，日本對俄國提出了保全清朝獨立及領土完整、從滿洲撤軍的要求，俄國卻完全不予理會。戰爭的濃霧到底還是籠罩了滿洲的大地。在美國國務卿海約翰（John Hay）一九〇四年（日本明治三十七年）一月五日的日記中，出現了「事到如今，俄國已經決定不對日本退讓半步，俄國認為將日本打得粉碎的時機正在到來」這樣的記錄。到二月六日，日俄之間宣佈斷絕國交，聯合艦隊司令長官東鄉平八郎立刻開始行動，在九日進行的仁川沖海戰中擊沉俄軍巡洋艦兩艘。宣戰的詔敕於十日下達。其間俄國佔據滿洲，並打算將其吞併。如果滿洲落入俄國手中，韓國[34]便難以保全，遠東的和平則不可指望。如果看到了這一點，就會明白這場戰爭乃是不得已而必須為之的了。

波羅的海艦隊

一旦進入戰爭狀態，首先必須考慮的就是海上力量的壓制。當時俄國的軍

34 朝鮮自一八九七年開始改國號為「大韓帝國」，直至一九一〇年被日本合併，故由此起使用「韓國」一詞。——譯者注

艦，除三艘駐紮於符拉迪沃斯托克，兩艘停泊在仁川之外，其餘全部集結於旅順，包括戰艦七艘、巡洋艦九艘、驅逐艦二十二艘等，與日本海軍所有的戰艦六艘、大巡洋艦六艘、輕巡洋艦九艘、驅逐艦十九艘等相比而言，可以說俄軍具備了能夠與日軍正面決一勝負的實力。因此倘若不將其擊沉的話，運送陸軍的行動則十分危險，難以得到安全保障。然而，俄國艦隊主動避免進行決戰，躲在旅順軍港之中不出來。這是因為俄軍在等待從本土而來的波羅的海艦隊的馳援。反過來說，日本一方則必須在波羅的海艦隊抵達之前，將蝸居旅順的俄太平洋艦隊徹底消滅。

日本海軍在二月九日於仁川沖一戰中擊沉敵艦兩艘的同時，還於八日夜裡派出驅逐艦隊偷襲旅順口，使得俄軍兩艘戰艦和一艘巡洋艦損壞擱淺。然而由於陸地炮臺的存在，海軍無法展開縱深突擊。於是，一直處於策劃之中的旅順口封鎖作戰最終得以實施。第一次作戰是在二月二十四日，由天津丸（作戰主要倡議者有馬良橘中佐指揮）、報國丸（廣瀨武夫少佐指揮）等共五艘艦艇執行；第二次作戰是在三月二十六日，由千代丸（有馬中佐指揮）、福井丸（廣瀨少佐指揮）

等四艘艦艇執行，廣瀨少佐就是在此時為尋找杉野軍曹長而戰死；第三次作戰是在五月一日，艦艇十二艘，總指揮官為林三子雄中佐。此次艦艇眾多，本打算一口氣將旅順港口徹底堵死，怎奈當晚突然起風，波浪滔天，施救落水船員變得極為困難，因此造成了巨大的傷亡。然而上述三次封鎖港口行動，對俄軍艦隊造成了巨大的心理打擊，使其極其膽寒。

在此期間，四月十三日俄軍旗艦觸日軍水雷沉沒，勇敢的司令官馬卡羅夫（Makarov）戰死；五月十五日日軍戰艦初瀨與八島，以及巡洋艦吉野皆因機械水雷和戰鬥衝突而沉沒，雙方互有損失；到了八月十日，終於迎來了黃海的海戰。當時世界輿論普遍認為俄國海軍的表現過於怯懦，因此俄國皇帝命令旅順的艦隊司令率領全艦隊突圍前往符拉迪沃斯托克。東鄉司令則立即在黃海上對其展開攻擊，經過兩回合的戰鬥，俄軍艦隊四分五裂。俄軍艦隊司令戰死，五艘戰艦總算逃回旅順港，然而巡洋艦則有的逃往上海，有的逃至西貢，艦隊武裝幾近消滅。如此慘重的損失之後，旅順艦隊的戰鬥力已不及之前的一半了。

在此次黃海海戰中，從符拉迪沃斯托克趕來的三艘艦隊承擔著俄軍的掩護支援任務。與旅順艦隊不同，這三艘艦艇高速靈活，並對日軍運輸船金州丸、常陸丸等進行了攻擊，造成了巨大的犧牲，國民對此深表痛恨和憤怒。到八月十四日，日軍第二艦隊（司令為上村彥之丞中將）於蔚山沖發現三艦蹤跡，隨即發動猛烈的攻擊，擊沉一艘，其餘兩艘也傷痕累累，直接喪失了攻擊能力。

俄國此時打算將波羅的海艦隊派往東洋，與在旅順的太平洋艦隊合力擊潰日本海軍，七月四日艦隊編制確定，其中戰艦七艘、巡洋艦八艘等，實力非常強勁。日軍聯合艦隊迎戰該艦隊之前，必須返回內地進行修理，在此之前就必須將殘留在旅順港內的俄國艦隊全部消滅，以便保證運送陸軍的絕對安全。因此海軍便向陸軍發出請求，希望其儘早攻陷旅順港。陸軍遂於七月末開始對旅順展開了猛烈的攻擊，通過半年的殊死搏鬥，終於在十二月六日佔領二零三高地（爾靈山），並於當天開始向港內敵艦進行猛烈射擊，三艘戰艦在當天被擊毀，一艘戰艦於次日被擊沉，十一日全艦隊全滅。

由此，日軍聯合艦隊得以毫無後顧之憂地迎戰波羅的海艦隊。波羅的海艦隊在司令官羅日傑斯特文斯基（Rozhdestvenski）少將的指揮下，十月十五日出發，十二月十九日跨過非洲南端的好望角，次年五月九日在印度中國洋面上與增援艦隊合流，隨後北上而來。艦隊以八艘戰艦為主力，輔以巡洋艦、裝甲海防艦、驅逐艦等其他大量艦船，噴吐著黑煙朝對馬海峽逼來。艦隊是以對馬海峽為目標呢，還是要通過海峽前往太平洋一側呢，世界各國都對這一動向翹首觀望。由於這是對日本來說命運攸關的關鍵，因此在經過仔細認真的研究之後，東鄉司令最終採納了其目標是對馬海峽這一觀點，並將決戰地點選定在沖之島附近海域，準備待機迎敵。明治三十八年五月二十七日清晨，東鄉司令向大本營發出如下電報：

接到發現敵艦之警報，聯合艦隊即刻出動必將其擊潰，本日天氣晴朗唯浪稍高。

發出電報之後，東鄉立即帶領四十餘艘艦艇由鎮海灣起航，至下午一點三十九分，遠遠地確認敵軍艦隊，遂命令戰鬥開始；下午一點五十五分，旗艦三笠的桅杆之上高高地揚起了信號旗，發出了如下命令：

皇國興廢在此一戰，諸君切須奮勇努力。

至下午兩點零五分，艦隊更是大膽地決定於俄軍前方進行調頭十六點的冒險行動，集中火力猛攻俄軍先導艦艇，從此時直至晚上七點二十分為止漫長的五小時之中，日軍進行了數不清的調頭迴旋和炮擊，擊沉俄軍旗艦以下戰艦四艘，是夜水雷艦隊追擊逃走的俄軍艦只，擊沉兩艘戰艦等。兩天之中的戰果，包括擊沉艦艇十九艘（其中戰艦六艘、巡洋艦四艘），俘獲艦艇五艘（其中戰艦兩艘）、俘虜六千一百六十名，而日軍則僅僅付出了損失三艘水雷艇、死傷七百人的代價。

攻佔旅順

轉過頭來看陸軍。出於運輸方面的考慮，陸軍的作戰必須要顧及海軍的局勢。首先第一軍由近衛師團、第二師團、第十二師團三個師團組成，在司令官黑木大將的率領下，確保朝鮮的安定之後，於四月三十日渡過鴨綠江，在九連城追擊俄軍北上，並佔領鳳凰城（今遼寧鳳城）。

第二軍由第一師團、第三師團、第四師團三個師團以及其他部隊組成，在司令官奧大將的率領下於五月十三日完成登陸遼東半島的行動，五月二十六日對南山要塞進行猛攻，在十四個小時的連天炮火之後，終於攻陷要塞。日軍三萬六千人之中，死傷達四千三百人，戰況之激烈程度可以想見。之後在六月十五日，第二軍進攻得利寺並擊破俄軍。

為應對戰局的推進，六月二十日滿洲軍總司令部成立，大山元帥擔任總司令官，兒玉大將任總參謀長。由此開始本應該乘勝完成對滿洲的佔領，然而問題出在了旅順。海軍要求陸軍在波羅的海艦隊到來之前儘早拿下旅順。於是大本營在明知困難重重難以實現的前提下，仍對第三軍下達了攻佔旅順的命令。

第三軍擁有第一師團、第十一師團兩個師團，於五月整編而成，在司令官乃木中將的率領下奔赴旅順。第九師團隨即也加入其中，並於八月十九日進行了第一次總攻，然而日軍沒有拔掉號稱易守難攻的旅順要塞，五萬大軍中死傷達到了一萬五千以上。於是此後開始採取正面推進的戰術，可是取得的戰果十分有限。到十月二十六日發動第二次總攻，日軍死傷達三千八百以上，終於在得到了第七師團的增援之後，於十一月二十六日展開了第三次總攻，乃木司令官在訓話中要求各師團勇猛奮鬥，如有必要則由司令本人親自率領第七師團作為先鋒部隊進行攻擊，由此全軍上下一齊奮戰，終於在十二月六日拿下爾靈山，下午開始從山上擊沉港內之敵艦。參加第三次總攻的日軍戰士共六萬四千人，其中死傷達一萬七千之多。此後日軍的攻擊繼續進行，至明治三十八年一月一日，敵軍投降；乃木司令深諳明治天皇陛下所思，對敵軍司令官施特塞爾（Stessel）給予了不使其名譽受損的優待。持續五個月的猛攻，付出了五萬九千人傷亡為代價的旅順會戰終於宣告結束。

就在旅順會戰期間，遼陽會戰於八月二十八日拉開帷幕。俄軍雖然坐擁二十二萬四千人的大軍，然而日軍在奮戰之後最終將其擊敗。進行攻擊的部隊除第一軍和第二軍以外，還包括由野津大將率領、以第五師團和第十師團新整編而成的第四軍。然而，總兵力也不過十一萬人，因為缺乏彈藥而難以進行追擊作戰。俄軍見此情形遂率大軍進逼沙河，日軍無法將其擊敗，兩相對陣持續五個月之久。這期間旅順被攻陷，乃木將軍率領第三軍加入戰鬥，於是日軍在三月一日發動總攻擊，突破沙河防線，並於十日佔領奉天。日軍總數二十五萬，敵軍三十二萬。

三月十日佔領奉天，五月二十七、二十八日日本海大海戰之後，勝負已分。此時，到了機智的外務大臣小村壽太郎施展才能的時候。在美國總統希歐多爾・羅斯福（Theodore Roosevelt）的講和斡旋下，八月十日，日俄在美國樸資茅斯（Portsmouth）[35]開始進行講和談判。日本首席全權代表小村壽太郎與俄國

35　此處不是英國的港口城市樸資茅斯。鑒於美國、英國、加拿大等國均有名為「Portsmouth」的地方，故統一譯為「樸資茅斯」。——譯者注

首席全權代表維特（Vitte）最終於九月五日簽署條約。俄國在條約中承認日本在韓國的政治、軍事以及經濟上的排他性利益，同意將關東州的租借權以及長春、旅順口之間的鐵路及其附屬全部權力讓渡給日本，並約定將北緯五十度以南的薩哈林島領土讓與日本。

由此日本的國威得到了極大的提升，也迎來了修改條約的有利時機。安政年間簽訂的通商條約中所規定的外國人治外法權以及關稅片面最惠國待遇等是長期以來令人困擾的問題。治外法權的問題在日清戰爭前後通過外務大臣陸奧宗光的努力而得到廢除，對等關稅則在贏得日俄戰爭、大漲國威這一機會到來之際，通過外務大臣小村壽太郎的努力最終實現。

明治三十八年十一月，日韓協約締結，伊藤博文作為統監前往韓國京城赴任，執掌韓國外交權力。然而，明治四十二年伊藤統監被韓國人刺殺，最終導致次年八月韓國被日本合併。[36]

之後，在明治四十五年七月三十日，明治天皇陛下駕崩，御年六十一歲。

◎大東亞戰爭[37]

乃木將軍的殉死

在明治時代中，日本的進步真的是非常顯著的。在剛進入明治時代的時候，還有幕府，有諸大名，國內尚未歸於統一。就在這一時代中，國內實現了完全的統一，在此之上還贏得了日清、日俄兩大戰役的勝利，國威浩蕩，日本的權益得

36 此前及之後段落，作者一直將日本歷史上多次侵略朝鮮解釋為「不遺餘力幫助朝鮮」，甚至將甲午中日戰爭、《馬關條約》割讓遼東和日俄戰爭的原因也歸結於此，然而其對為何日本最終吞併韓國及臺灣地區等問題語焉不詳，相關解釋已違背歷史學的基本客觀態度和邏輯方式。——譯者注

37 本章內容涉及中國抗日戰爭和太平洋戰爭的歷史認識問題，以及戰後日本的戰爭責任甚至和平憲法觀念等重要內容，而作者在面對上述問題時通過截取和模糊運用史料，建構各種錯誤的邏輯理論以達到美化侵略，推卸戰爭責任，甚至積極宣揚侵略戰爭正義論的目的，構成了他本人所推崇的「皇國史觀」的重要部分，也是日本極端右翼團體的思想來源之一。——譯者注

以擴展至北達千島、庫頁島，南抵沖繩、臺灣，西至朝鮮、滿洲的廣大空間。之前是在世界上一文不名的蕞爾小國，之後則變成了世界上最強大的列國之一。如此顯著的發展進步，自然建立在國民全體精誠協作、粉身碎骨在所不惜的努力之上，同時其根本則是國民對明治天皇的感激之情。

よもの海　みなはらからと　思ふ世に
など波風の　たちさわぐらむ
（我望四海皆兄弟，奈何風吹波濤起。）

國のため　あだなす仇は　くだくとも
いつくしむべき　ことな忘れそ
（為國尋仇討敵時，應懷仁慈勿相忘。）

おのづから　仇のこころも　をびくまで

まことの道を　ふめや國民
（身自仇讎心中起，踏行正道日本民。）

子等はみな　軍のにはに　いではてて
翁やひとり山田もるらむ
（少年皆盡從軍去，獨留老翁守山田。）

たたかひに　身をすつる人　多きかな
老いたる親を家にのこして
（以身赴戰何其多，空餘雙親老家中。）

はからずも　夜をふかしけり　くにのため
いのちをすてし　人をかぞへて
（長思不覺夜已深，為國捐軀多少人。）

暑しとも　いはれざりけり　にえかへる
水田にたてる　しづを思へば
（盛夏不言暑熱深，怎比躬耕水田人。）

しづがすむ　わらやのさまを　見てぞ思ふ
雨風あらき　時はいかにと
（貧賤民居蒿草舍，風雨來時怎可當。）

すなどりは　子らにゆづりて　蘆の屋に
綱すくおきな　あはれ老いたり
（漁獵讓與兒孫去，蘆屋結網老人哀。）

明治天皇陛下的內心之淳樸如此，從這些御製和歌中都得以體現。在具有這樣崇高內心的陛下的帶領之下，全國人民得以團結一致，協力奮鬥。因此當聽說明治天皇陛下患病之時，人們紛紛哀痛不已，並發自內心地祈禱陛下能夠儘快康復。

因此，當明治天皇陛下駕崩之時，國民大眾皆如喪考妣，哀歎悲痛，舉世之中盡感昏暗冷寂，這也是無可奈何之事。在天皇陛下大葬之日，乃木將軍以身殉死，更加重了這一悲壯的氣氛。乃木將軍本人不僅從未居功自傲，沉溺於榮譽之中，反而審慎儉行，如同古代武士一般生活。明治四十四年秋天，陪同天皇陛下出席在久留米舉行的大演習之際，乃木將軍的宿舍被安置在了水天宮的神主真木家裡。在邀請將軍入座的時候，將軍堅持不用坐墊而是直接保持正坐姿勢坐下。人們紛紛勸將軍坐在坐墊之上的時候，將軍說出了以下的話：「這裡是真木（和泉守）先生的尊宅，並非區區乃木之流配坐坐墊的地方。」當時的達官顯貴眾人之中，除了乃木將軍之外，還能有誰有如此深厚的內心世界，會對日本歷史上值得尊重的人如此看重呢？

明治精神的衰退

擁有明治維新精神的人物，在這一時期前後大都相繼謝世。谷干城（七十五歲）與小村壽太郎（五十七歲）於明治四十四年去世。就像是與維新道別的象徵一般，德川慶喜（七十七歲）也於大正二年與世長辭。於是，從這一時期前後開始，明治維新的精神，即歷經水戶學、崎門學、國學錘鍊而成的忠君愛國、質樸剛健、捨身進取的精神，開始逐漸衰退。大正三年，時任東京帝國大學教師的哲學家柯貝爾（Koeber），悲歎自己所喜愛的日本因為淺薄地模仿西洋文明，而喪失了原本高貴而純粹的文化，原本純粹的日本僅僅殘留在鄉間的百姓和漁夫之中；他還認為，對於那些模仿西洋文明而行事的人們來說，那將歐美世界引入迷途的民主主義越來越容易將他們誘惑。雖然柯貝爾的話有所警戒，但從明治末年到大正初年，追隨這一誘惑的風潮已經強而有力地席捲而來了。

學問研究之中，憲法學與國史學具有明確國家本質，並維護其健全施行的特殊且重要之使命。然而明治末年到大正初年這一時期的憲法學研究，則完全沉醉於邏輯的周密性，全然不顧祖國的歷史；國史學更是獨斷地拘泥於史料，而忘卻了其中一以貫之的精神內容。明治四十四年出現的「南北朝正閏問題」等就是這一現象的表現。明治天皇躬親制定憲法的深思熟慮也好，頒行與憲法表裏相襯的「教育敕語」的聖諭也好，此外水戶學二百數十餘年來的苦心孤詣也好，似乎在這一時期全都被拋在了一邊。

與此同時，人心也開始變得驕奢了起來。人們從歡喜於日俄戰爭的大勝開始，自然而然地開始流於奢侈的生活，傾向於輕薄的觀念。明治天皇有感於此，於明治四十一年十月下達詔書，勸誡大家勵行勤勉與儉約。當年為舊曆戊申年，因此這一詔書又被稱為「戊申詔書」。在這樣一種全社會向驕奢的生活方式傾斜之際，如果人們能夠有幸聽聞明治天皇陛下所的御歌，或者拜讀了上述詔書，或者目睹乃木將軍樸素的生活狀態，恐怕都會發自內心的反省和自我約束吧。

明治天皇陛下的這首和歌如下（ことそぎし就是樸素的意思）

ことそぎし　昔の手ぶり　わするなよ

身のほどほどに　家づくりして

（不忘當年清貧日，隻身之力起家業。）

然而，明治天皇陛下仙逝，乃木將軍又以身殉死。人們的生活變得奢侈起來，個人主義、社會主義、自然主義等，雖然名字各個不同，卻都是忘記歷史、輕視國家、以自我為中心進行考慮的，這種只要自己過得舒服就萬事大吉的風潮愈演愈烈。

風潮之外，還有暴風雨。中國爆發革命運動、清朝滅亡，這是在一九一二年，日本明治四十五年的事情。第一次世界大戰爆發於一九一四年，日本大正三年。這次大戰前後持續了五年之久，其間俄國滅亡，俄國變為共產黨的天下，時值一九一七年，也就是日本的大正六年。

這一系列動亂以及戰爭本身，雖然對日本沒有產生巨大的影響，但在思想以及經濟層面對日本的影響是巨大的，而就是在這樣一個迫切需要深謀遠慮的時刻，日本卻不幸地欠缺這樣能夠進行指導和謀劃的人物。自大正元年到十五年這十五年的時間裡，內閣更迭十三次，政界無法穩定，這從每屆內閣短暫的壽命上也就一清二楚了。

滿洲事變

俗話說「禍不單行」，在這段時間裡又產生了另一個難題，那就是美國對日本移民的排斥。到日俄戰爭為止，美國都是對日本最為親切的發達國家。《樸資茅斯和約》簽署前後，美國對於日本的親切關懷，是日本沒齒難忘的事情。然而當日本戰勝俄國之後，美國的態度便漸漸地發生了變化。其中一項表現就是在移民問題上。美國原本是標榜自由而成立的國家，因其領土廣闊而接受來自世界各國的移民。一九〇〇年（明治三十三年）美國所接收的移民中，包括十萬義大利人、九萬俄羅斯人。來自日本的移民最初是非常少的，正是從這一年開始人數有所增加，但也只不過有一萬二千人而已。其後日本移民數量一直都維持在這一水準，卻逐漸遭到排斥，到一九〇七年（明治四十年）兩國達成君子協定，日本開始自發地限制移民數量，從此以後移民人數再沒有超過一萬人。然而，這仍舊成了問題，在一九二四年（大正三年），美國參眾兩院一致通過了排斥日本移民的法案。

「禍不單行」，向東發展的道路遭到遏制的日本，在向西發展的道路上也遭遇了阻礙。那就是控制滿洲的張作霖對日本的權益不予認可。於是昭和二年七月，時任滿鐵總裁的山本條太郎為了直接與張作霖進行交涉，於十月十日前往北京（當時稱北平）。張作霖當時居住在北平，自稱大元帥。在十一日兩人的會面中，山本提問、張作答的情況，如下所述：

問：滿洲如今免受俄國的佔領，正是日俄戰爭的結果，您同意這一點嗎？

答：同意。

問：在這場戰爭中，日本付出了戰死十萬的代價，滿洲的山野被這些死者的鮮血所染紅，您同意這一點嗎？

答：同意。

問：那麼你又為什麼對滿鐵的經營充滿怨言呢？

答：不，我並沒有怨言。

三問三答之後，對張氏的回答感到滿意的山本，就在當場坐著睡著了，還響起了如打雷一般的鼾聲，這令張大帥十分驚訝。可是張作霖在次年從北京撤退的途中，在奉天被炸死，與山本的會談無果而終，性格豪邁的山本也就此離職。這一時期日本在滿洲的權益越來越受到侵犯，但是政府未能採取果斷決絕的態度。從大正元年到昭和六年，足足二十年的時間裡，內閣更迭了十七次。政爭激烈，政局不安，由此可知。國內的政治出現分裂，就是遭到外國欺侮的原因。昭和六年，在滿洲萬寶山，發生了二百名來自朝鮮的農民遭受暴行、中村大尉被中國士兵殺害的事件；在這之後的九月十八日，奉天郊外的柳條溝發生了炸毀鐵路的事件，以此為導火索戰爭爆發。當時在滿洲的日本關東軍只有不過一萬五六千人，然而一旦戰爭開始，他們卻在很短時間裡便擊敗並壓制住了滿洲方面的二十萬大軍。次年（昭和七年，一九三二）三月一日，「滿洲國」宣告獨立；同月九日，清朝的末代皇帝溥儀成為「滿洲國執政」；昭和九年三月一日，執政變為皇帝，「滿洲國」變為「滿洲帝國」。

這一事件的不幸之處在於，日本與美國的友誼由此而遭受嚴重損害。美國大概從日俄戰爭時期開始就對滿洲充滿興趣了吧。樸資茅斯會議的時候，得知俄國要將滿鐵讓與日本一事的哈里曼（Harriman）趁小村外務大臣前往會議不在國內期間訪問日本，提出滿鐵由美國投資，日美兩國共同擁有均等權益的提案，政府與元老們甚至都對此表示了贊成，然而當比哈里曼的到來略晚回國的小村外務大臣在得知這一消息的時候，大吃一驚，立刻取消了這一約定。此外，四年後的明治四十二年，美國國務卿諾克斯（Knox）又提議美國與中國同盟，從日本和俄國兩國手裡購買滿洲鐵道，滿洲問題由列國共同協力解決，不過遭到了小村外務大臣與俄國的一致拒絕。滿洲事變爆發的時候，美國時任國務卿史汀生（Stimson）則對日軍的行動表示了強烈譴責。

在此前的希歐多爾·羅斯福執政時期，從一九〇五年到一九〇九年擔任國務卿的魯特（Elihu Root）對日本的這一行動表示了深刻的理解，他強調滿洲在相當長的時間裡作為日本具有特殊權利的地區，當日本在這一地區有必要做出自我防衛之時，其他外國不應該予以反對。駐日代辦尼維爾（Edwin Neville）也勸告美國不應該介入這一問題，可是史汀生對這些聲音都置若罔聞，這對於日美兩國來說都是非常不幸的事情。之後再至昭和八年（一九三三）二月，由於滿洲問題的影響，日本不得不選擇退出國際聯盟。而就在這一年的五月，中國北方締結停戰協定，滿洲歸於穩定；昭和十一年十一月，日德簽訂防共協定，日本與德國遙相呼應，採取防禦共產主義的姿態，滿洲也加入了防禦戰線。

大東亞戰爭爆發

然而昭和十一年十二月，在中國發生了令人意想不到的事件，那就是西安事變。雖然事件很快就得以解決，不過從這以後，國民黨政府轉而與共產黨握手言和並推行排斥日本的方針。對於日本與中華民國雙方來說，深深的不幸就從這一刻開始了。這一不幸的具體表現，就是昭和十二年（一九三七）七月七日夜晚在北京郊外爆發的盧溝橋事變。這本是在執行夜間演習任務的小股日本部隊，在遭到中國軍隊射擊後不得不還擊應戰的事件，而如果綜合各方面相關人士的言論來看，這一事件大概是某些希望日本與中國開戰的協力廠商人士所為，並最終導致了日中雙方都情緒激昂亢奮地投入了大規模的戰爭，這實在是令人遺憾。

由此，中國事變爆發。昭和十二年十二月十三日，首都南京淪陷，蔣介石將重慶設為臨時首都。次年六月贏得徐州會戰的日軍，又於十月攻陷廣東與武漢。國民黨副總裁汪精衛，因為秉持著日本與中國同盟以謀求亞洲和平的信念，於十二月逃離重慶前往印度中國，並於昭和十四年移居上海，昭和十五年三月三十日，在南京建立了新的中央政府。日本對此深表喜悅，對其進行協助扶持，也就自不必說了。

在這期間，歐陸大戰爆發。德國於一九三九年（昭和十四年）吞併捷克，與蘇聯瓜分波蘭；到次年五月，德軍突襲比利時、荷蘭，將英軍逼至敦克爾克，進入巴黎降服法國，並最終於一九四一年（昭和十六年）六月與蘇聯開戰。歐洲的大亂與亞洲的紛爭相互影響，激憤與詭計在全世界範圍內擴散開來。終於，美國開始逐步介入這些紛爭。美國於昭和十四年七月，廢棄《日美通商航海條約》，通過提供借款對蔣介石主席予以援助的同時，對日本進行經濟上的壓迫。昭和十五年七月，被任命為總理大臣的近衛文麿雖然為了謀求緩和與改善日美關係而拼命努力，卻因為美國總統的影響而無功而返，問題開始變得愈發嚴重。昭和十六年十月，近衛內閣辭職，陸軍大將東條英機被任命為首相，到此時日美交涉問題上仍舊留有一線希望，可是十一月二十六日，日本收到了來自美國務卿赫爾（Hull）的美方回應。其中第三條稱，日本必須從中國以及印度中國，撤出全部陸、海、空兵力以及員警部隊；第四條規定，只承認蔣介石政府為中國唯一合法政府，對除此之外的其他政府一律不予承認。對於日本來說，這是無論如何也無法同意的。後來在遠東國際軍事法庭上，印度的巴爾法官（Pal）對此就認為，即便是像盧森堡（人口三十萬）和摩納哥（人口兩萬）這樣的袖珍小國，被施加如此無理的要求的話，也會訴諸戰爭的。而首先相當明確的一點是，十一月二十六日在美國總統官邸進行的重要會議中，在斷定如果提出這樣的要求那麼日本毫無疑問會立刻開戰之後，依然決定提出這一要求。

一般人們所熟悉的說法是日本對於自己的武力過分自信，於是突然發動了珍珠港偷襲，激怒了好不容易才在和平談判中關係有所改善的美國，並使後者捲入大戰，然而事實是這場戰爭並非日本因自身的喜好而掀起的，日本為了回避開戰而做出了最大的努力，卻全都化為虛無，最終被裹挾著陷入了戰爭之中。然而一旦明白戰爭不可避免之後，日軍的戰鬥也是相當強的，舉幾例如下。

第一，偷襲夏威夷的珍珠港作戰。昭和十六年十二月八日清晨，日本海軍空襲珍珠港，擊沉敵軍戰艦六艘、重巡洋艦一艘、油罐船兩艘、破壞戰艦兩艘、重巡洋艦一艘、乙級巡洋艦六艘、驅逐艦三艘、補給艦三艘，擊毀飛機約三百架。美軍戰死兩千四百人，傷患超過一千人。

第二，擊沉威爾士親王號（Prince of Wales）戰艦。這是英軍所誇耀並十分依賴的當時最大最強的戰艦，甚至有人說只要有了這艘船，日本海軍就不足為懼。英軍將這艘戰艦安置在新加坡，以威嚇日本。等到開戰之後，此艦與戰艦反擊號（Repulse）一起北上而來。昭和十六年十二月十日，日本海軍航空部隊發現敵艦並於午時零點十四分開始攻擊，至午後兩點二十九分轟沉戰艦反擊號，威爾士親王號左舷傾斜並開始撤退，在兩點五十分發生大爆炸而沉沒。英國首相邱吉爾（Churchill）在聽說這一報告之時，慨歎道：「隨著這兩艘戰艦的沉沒，大量的努力和希望，以及計畫全部都化作泡影。如今印度洋也好，太平洋也好，英美的主力戰艦連一艘也沒有，日本掌握了制海權，我們則處於弱勢而無法防衛。」

第三，攻陷新加坡。此地是英國壓制東洋的重要據點，足以匹敵日俄戰爭中旅順對於俄國的重要程度。東接香港延伸至上海，西望緬甸國延伸至印度，新加坡要塞居於中央，睥睨東洋，被認為是易守難攻的。然而日本陸軍於昭和十七年二月八日開始攻擊，到十五日便將其降服。

大東亞戰爭的餘波

這以後，戰線向四面推進，日軍佔領的地區包括印度支那、緬甸、蘇門答臘、婆羅洲、爪哇、菲律賓、新幾內亞、關島、威克島以及其他諸島，北達阿圖島，南抵瓜達爾卡納爾島。然而，致命的問題在於日本沒有豐富的物資。僅僅是在如此廣闊的範圍內作戰，消耗的物資自然也是非常多的，補給卻面臨著巨大困難。加入敵軍一方的國家數量眾多，雖然日本也有同盟國家，但都各自處於戰爭之中，沒有顧及他國的餘地。當時與日本交戰的國家有四十五個，斷絕外交關係的國家有四個，合計四十九國，另外有中立國十一個；與此相對，與日本保持友好關係的國家只有德國、義大利、滿洲國和泰國而已。因此以速戰速攻不斷取勝的日本因為戰線拉得太長而逐漸處於弱勢，這也是無可奈何的。大東亞戰爭又持續了五年的時間，到昭和二十年（一九四五）八月十五日，天皇陛下下達終戰詔書，戰爭終於結束了。就在這之前，美國在廣島和長崎投下的原子彈造成了歷史上空前殘酷的傷害，甚至波及大量的婦女和兒童。人們雖然懷揣著各種各樣的想法，不過隨著詔書下達，陸軍也好海軍也好，全都含著眼淚放下了武器，這一點需要特別注意。

戰敗也是無可奈何的。從這時起到昭和二十七年四月為止，足足八年的時間裡，日本處在被佔領的狀態下，不得不接受聯合國軍總司令部（GHQ）的支配。成為指揮官的就是美軍元帥麥克亞瑟（MacArthur）。美軍的佔領政策最開始打算從軍事、產業、政治等方面全面削弱日本，以防止日本再度崛起，其具體的表現形式就是制定新憲法（昭和二十二年五月三日施行）、新民法（同二十三年一月施行）和《神道指令》，以及對戰犯進行審判和處刑，並驅逐國家主義者。然而很快美國與蘇聯之間的反感和對立激化，中國大陸與朝鮮半島爆發戰爭，佔領政策產生了嚴重的動搖。

於是到昭和二十六年（一九五一）八月，各國於三藩市召開和解會議，除蘇聯等共產主義陣營各國之外的四十八個國家簽署講和條約，次年二十七年四月二十八日條約生效。佔領軍總司令部於即日起廢除，日本國之獨立從即日起恢復。其中還有兩件不幸的事情。其一，美國挾戰爭勝利之餘威，在八年的漫長歲月中以不被限制的權力對日本進行肆意的處理；其二，日本由於習慣於這段漫長時光中的隱忍屈從，到了恢復獨立的時刻，卻失去了對基於佔領政策而制定的法規制度進行改正的見識與氣魄。

由此觀之，大東亞戰爭在留下巨大傷痕的情況下結束了。因為這場戰爭，日本所失去的東西實在是太多了。原本是從感歎於日本在滿洲的權益遭到侵犯，以守衛日而戰爭的成果為出發點而開始的戰爭，然而結果卻是失去了更多的東西。特別需要惋惜的是二百數十萬戰死的有能力有作為的男子；然而這種不幸也並不僅僅局限於日本。第二次世界大戰幾乎將全世界都捲進了野心、憎恨與陰謀的旋渦。延續數年的死鬥之後，有國戰勝，有國戰敗。戰敗之國損害巨大，這也是無可奈何的。德國失去了大量之前所支配的土地，還被劃分為東西兩半，雙方對立尖銳，陷入了非常艱難的狀態。英國取得了勝利，邱吉爾首相昂然言道：「像日本人一般，被打碎為齏粉，想要再度崛起起碼需要一代人的時間。」而就是這個英國，至此為止都是將「印度作為大英帝國的心臟」，對如此看重的印度的獨立卻也無可奈何。一九四七年（昭和二十二年）印度與巴基斯坦獨立，次年緬甸與錫蘭獨立，而獨立之風氣愈盛，也傳到了馬來亞以及非洲各地。被認為是永不沉沒的威爾士王子號被擊沉，被誇耀為永不落城的新加坡也被攻陷，如此巨大的變動，即便是偉大如邱吉爾，恐怕也想像不到吧。

而如果看中國，汪精衛認為中國必須與日本和解，手牽手維護東亞和平卻遭到反對，在英美的援助之下試圖打倒日本的蔣介石主席，在重慶堅持了長期的苦戰之後終於作為勝利者回到了南京。然而他在那裡待了僅僅四年，就被中共的軍隊所取代了。此外美國與日本作戰的直接動機，原本是防衛日本在滿洲與中國的力量，然而戰爭一旦結束了，滿洲也好中國也好，卻全都變成了共產黨的地盤。與此相比收穫最大的看起來就是蘇聯了吧。然而蘇聯的領導人史達林（Stalin）的險惡陰謀也暴露了，不僅受到全世界的批判，更被其國民所憎惡，不得不說是非常之恥辱。如此看來，這場大戰，哪一個國家都沒有得到真正的勝利和真正的幸福吧。

國民精神的高揚

但是，日本也並非沒有志氣。對於歐美諸國對亞洲的侵略，發出了最早也是最深刻的慨歎的日本，最後在日本自己也受到這一侵略的重壓之時，勇敢地發起了奪回亞洲自由和獨立的大東亞戰爭，在日本付出了巨大犧牲的同時，也為亞洲帶來了獨立。印度、巴基斯坦、緬甸、印尼、馬來亞的獨立，如果沒有大東亞戰爭是不可想像的。況且獨立的熱潮並未就此止步，非洲的殖民地也都相繼獨立，如今世界上獨立國家的數量已經是戰前的兩倍。

不過，比起這樣的外部問題，更為重要的是國民精神的高漲。雖然從無可奈何地被捲入戰爭的原因來看，有很多令人遺憾的地方，可是一旦開戰，當面對這一國難時，全國人民所表現出的忠義勇猛的精神，與曾經人們在日清、日俄戰爭時期發揮出的精神相比，並未有絲毫的退步，這一點已經得到證實。本來穩健，甚至說溫柔乃是日本人的性格。這樣的日本人卻是如此勇敢地進行戰鬥，正是因為懷有「一旦有所緩急，則奉義勇公以護翼天壤無窮之皇運」的願望。緬甸獨立的英雄，一位叫作奧達瑪的僧人在昭和四年訪問日本的時候，曾經預言說「日本會滅亡」，問他「為什麼」的時候，法師答道「明治四十三年第一次來日本的時候，日本人情溫和，對皇室充滿尊敬的念頭，此乃世界上絕無僅有的美好情景；然而如今這些東西全都被破壞了」。然而由於從大正道昭和初期流行的自由主義和共產主義而幾近消亡，令人懷念的日本的道義在這一時期仍舊根深葉茂地存活了下來，等到遭逢國難之時，又再一次爆發了出來。這裡舉一個例子加以說明，那就是海軍少佐黑木博司的事蹟。少佐於大正十年出生在岐阜縣下呂町，昭和十三年年底，從岐阜中學考入位於舞鶴的海軍機關學校，在太平洋上戰雲風起雲湧的昭和十六年十一月畢業，被編入戰艦山城號，之後被任命為海軍少尉，但是他自願接受了特殊潛航艇的訓練。昭和十七年夏天開始，戰局逆轉，攻守形勢轉換；於是在昭和十八年正月初一，二十三歲的黑木少尉切開手指以血書寫下了下面的和歌：

皇の為　命死すべき　武夫と

なりてぞ生ける　験ありける

（為報天皇命當絕，武夫所生為此驗。）

此乃幕末志士佐久良東雄所作之歌，如今則正應和了少佐的心聲。當年二月，少佐自己詠和歌數首，皆以血書寫就，其中的兩首如下：

伊はそむき　独は敗れん　きのなけん

葉月長月　近きを如何せん

（意叛德降更無援，八月九月近如何。）

國を思ひ　死ぬに死なれぬ　益荒雄が

友々よびて　死してゆくらん

（心思報國死生何，呼朋引伴赴黃泉。）

伊就是義大利，獨（独）就是德國，葉月乃是八月，長月則是九月，「物無けん」大概是說日本物資匱乏的意思吧。當時，日、德、意三國已經締結了同盟，少佐卻預言這一年的夏秋之際，義大利將會脫離同盟，德國則會戰敗，日本便將陷入孤立無援的狀態。事實上義大利在七月發生了政變，九月則全面投向了敵軍陣營。判斷德、意兩國的形勢將會在半年之內發生變化的這一預言，並非得到了什麼特別的情報，僅僅是出於憂國憂民的至誠之直覺，而一舉言中。這一時期少尉從昭和是半年四月一日開始，不用墨不用鋼筆水，而是僅僅用從手指淌出的鮮血寫下每天的日記。將對開紙折一折，每一面作為一天的內容，一日大約寫三行，第一行一定是以大字寫下的「天皇陛下萬歲」；第二行的內容或是「神國不滅」，或是「忠孝一本」「神州男兒誓不屈」「必死殉皇」「舉族殉皇」等文字，揮灑淋漓；第三行就是日期和落款。少佐從很早開始崇拜楠木正成，自號慕楠，此外還敬慕真木和泉守，而這些精神就在這裡體現了出來。少佐這種憂國憂民的至誠，最終令其創造出了自殺式魚雷「回天」。昭和十九年五月八日，此時已經升任大尉的黑木博司，提出極其豪邁並切合實際的建白書《急務所見》，請求以這一從未有過的兵器進行非常規作戰。這一建白書長二丈一尺二寸五分，全部由鮮血寫成。大尉在這一年秋天的九月六日，在訓練中不幸殉職，雖然他以二十四歲的英年早逝，但是其製作的回天，則由懷抱著黑木少佐遺骨的盟友駕駛，向美軍艦隊所聚集的烏利西基地發動了攻擊。此後，回天共計出擊約一百四十餘次，全都是乘風破浪地遠襲敵艦，必然會命中艦底而將其爆破，令敵軍聞風喪膽。可是研究出這一方案，並指揮作戰的黑木少佐本人，年方二十四歲弱冠之齡，如果算滿齡則僅為二十二歲，性格溫厚，面色紅潤，乃是非常純情的青年之人。能夠開發出這一未曾出現過的武器，考慮出超乎常識的作戰方式的原因，也僅僅是出於忠君愛國之至誠難以抗拒而已，因為除此之外再無摧毀敵軍之計策。少年航空兵、海軍預科練習生，此外包括陸軍和海軍的各個部隊，都充滿了這樣非常純情的勇士。倘若沒有這種愛國的至誠，這樣一個各方面物資都極度匱乏的國家，要怎樣在四面皆敵的情況下，堅持大戰足足五年之久呢？

這些純情的青年們滿懷的愛國的至誠，以及適逢多事之秋便以身殉國的氣概，都來自幼時父輩祖輩口耳相傳的遺訓，來自少年時所學的日本歷史，來自基於這些歷史的明治天皇的聖諭，即教育敕語。遭遇前所未有的國難之時，便認真守護國家，這實際上不正與過去的那種純粹的道義之心一樣嗎？那麼從今往後，要戰勝遺留下來的數不勝數的傷害和困難，以日本國為擁有崇高的傳統之光的國度這一身份，為全世界真正的和平、真正的幸福而貢獻力量，這種精神不也正是與過去一樣的那種純粹的道義之心嗎？

國家圖書館出版品預行編目 (CIP) 資料

物語日本史 / 平泉澄著 ; 黃霄龍 , 劉晨 , 梁曉弈譯 . -- 初版 .
-- 新北市 : 遠足文化 , 2019.04-- (大河 ; 39-41)

ISBN 978-957-8630-98-7(上冊 : 平裝). --
ISBN 978-957-8630-99-4(中冊 : 平裝). --
ISBN 978-986-508-000-6(下冊 : 平裝). --
ISBN 978-986-508-001-3(全套 : 平裝)

1. 日本史

731.1　　108003095

大河 41

物語日本史
——從群雄割據的戰國時代到大東亞戰爭

作者——平泉澄
譯者——黃霄龍
編輯總監——陳蕙慧
總編輯——郭昕詠
編輯——徐昉驊、陳柔君
行銷總監——李逸文
資深行銷企劃主任——張元慧
封面設計——倪旻鋒
封面插畫——鄭景文
排版——簡單瑛設

社長——郭重興
發行人兼出版總監——曾大福
出版者——遠足文化事業股份有限公司
地址——231 新北市新店區民權路 108-2 號 9 樓
電話——(02)2218-1417
傳真——(02)2218-1142
電郵——service@bookrep.com.tw
郵撥帳號——19504465
客服專線——0800-221-029
Facebook——https://www.facebook.com/saikounippon/
網址——http://www.bookrep.com.tw
法律顧問——華洋法律事務所 蘇文生律師
印製——呈靖彩藝有限公司

初版一刷 西元 2019 年 04 月
Printed in Taiwan